〈新版〉日本語の作文技術

本 多 勝 一

朝日文庫

中学時代の日本語担任・故　井上福実先生に捧ぐ

民族の言語を、それとは知らずに執拗に維持し滅亡からまもっているのは、学問のあるさかしらな文筆の人ではなくて、無学な女と子供なのであった。だから女こそは日本をシナ化から救い、日本のことばを今日まで伝えた恩人なのであったと言わねばならない。

（田中克彦『ことばと国家』）

目次

〈新版〉日本語の作文技術

■凡　例

一、数字の表記は四進法（日本式）とし、三進法（西欧式）を排します。たとえば――

× 五〇三、九八七、一四六円　× 503, 987, 146円
〇 五、〇三九八、七一四六円　〇 5, 0398, 7146円
〇 五億〇三九八万七一四六円　〇 5億0398万7146円
× 五億〇、三九八万七、一四六円　× 5億0, 398万7, 146円

（理由は拙書『しゃがむ姿勢はカッコ悪いか？』〈朝日文庫〉収録の「数字表記に関する植民地的愚挙」参照。）

二、人名はすべてその人物の属する国の表記法の順序そのままで使います。たとえばイギリス人やフランス人は「名・氏」の順ですが、日本人や中国人やベトナム人は、たとえフランス語やイギリス語の文中であっても「氏・名」の順です。現に中国も韓国もカンボジアもこれを実行しています。（理由は拙書『殺される側の論理』〈朝日文庫〉収録の「氏名と名氏」参照。）

三、The United States of America は「アメリカ合州国」と訳し、「合衆国」とは書きません。（ただし、「合衆国」が誤りだと主張するわけではありません。理由は拙書『アメリカ合州国』〈朝日文庫〉の「あとがき」参照。）

四、ローマ字は日本式（いわゆる訓令式）とし、ヘボン式を排します。（理由は『しゃがむ姿勢はカッコ悪いか？』収録の「ローマ字は日本式でなければならない」参照。）たとえば――

shi→si, shô→syô, chi→ti, tsu→tu

五、外国語の分かち書き部分をカナ書きにする記号は、ナカテン（・）を排し、二重ハイフン（＝）とします。（理由は拙著『日本語の作文技術』〈朝日文庫〉第四章で述べた使用法と分かち書きとの混用を避けるため。）たとえば――

× ホー・チ・ミン、ジョン・F・ケネディ、毛沢東の三人
〇 ホー＝チ＝ミン・ジョン＝F＝ケネディ・毛沢東の三人

第一章　なぜ作文の「技術」か

　ここで作文を考える場合、対象とする文章はあくまで実用的なものであって、文学的なものは扱わないことを前提としたい。とはいうものの、両者にははっきりした境界があるわけでは決してない。朝日新聞社の調査研究室が社内用として非公開で出している研究報告シリーズの中に『文章のわかりやすさの研究』（堀川直義・一九五七年）という一冊があって、このあたりのことが次ページのように図式化されている。「事実的」のかわりに「実用的」とすることもできるし、あるいは右をフィクション的、左をノンフィクション的ということもできよう。この分類でいえば右翼になる「文学的」な文章のための作文は、ここでは考えない。反対側の「事実的」文章のための作文だけを対象とし、その中には手紙・報告文・広告文・アピール・宣伝文・ルポルタージュなども含め

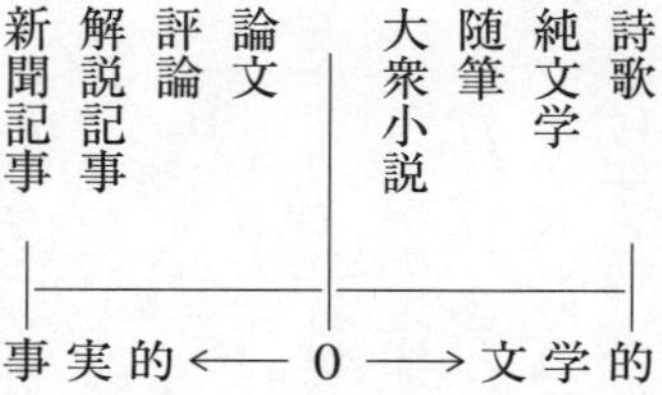

てよいだろう。ただし日記は除外したい。例外はあるものの、原則として日記は自分だけのために書かれた文章だから、極論すればどんなわかりにくい文章でもよく、暗号でさえ構わぬことになる。また例文として小説から引用することもあるが、それはあくまで「作文の技術」のためであって、「小説の技術」のためではない。言葉の芸術としての文学は、作文技術的センスの世界とは全く次元を異にする〔注1〕。その意味での「事実的」あるいは「実用的」な文章のための作文技術を考えるにさいして、目的はただひ

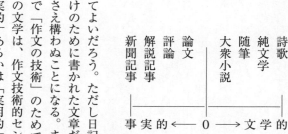

とつ、**読む側にとってわかりやすい文章を書くこと**、これだけである。

実はこうした文章論に類するものを書くことに、私はいささかの躊躇と羞恥をおぼえざるをえない。というのは、私自身が特にすぐれた文章を書いているわけではないし、もちろん「名文家」でもないからだ。私の身近な周辺にさえ、私など及びもつかぬ名文家や、技術的にも立派な文章を書く人がいる。いわゆる年代的な「先輩」ではなしに、純粋に文章そのものから見ての大先輩に当たるそうした人々をさしおいて、この種のテーマを書きつづることの気はずかしさを、読者も理解していただきたい。にもかかわらず書くのは、開きなおって言うなら、むしろヘタだからこそなのだ。もともとヘタだった。中学生のころを考えてみても、同級生に本当にうまい文章を書く友人がいた。とてもかなわないと思った。就職としては新聞記者になってしまったが、「名文」や「うまい文章」を書くことは、ほとんどあきらめた。あれは一種の才能だ。それが自分にはないのだ。しかしこれまで努力してきて、あるていどそれが実現したと思っているのは、文章をわかりやすくすることである。これは才能というよりも技術の問題だ。技術は学習と伝達が可能なものである。飛行機を製造する方法は、おぼえさえすればだれにでもできる。発明したのはたまたまアメリカ人だが、学習すればフランス人でもタンザニア人でも作れる。同様に「わかりやすい文章」も、技術である以上だれにも学習可能なはずだ。そのような「技術」としての作文を、これから論じてみよう。

だれにも学習可能な「技術」としての日本語作文を考えるに際して、よく誤解されている作文論があることを注意しておきたい。たとえば「話すように書けばよい」という考え方がある。だれだって話しているじゃないか。たいていの人は頭の中でいったん作文してから口に出すのではない。いきなり話している。それならば書くのだって同じだ。話すように書けば書ける。あらためて「作文」ということで緊張し、硬くなるから書けないのだ……と。

だが、この考え方は全く誤っている。話すということと作文とでは、頭の中で使われる脳ミソの部分が別だというくらいに考えておく方がよい。文章は決して「話すように書く」わけにはいかないのだ。たとえば話すときの状況を考えてみよう。多くの場合、話す相手がいる。その表情・反応を見ながら、こちらも身ぶりなどの補助手段で話をわかりやすくすることができる。したがって文法的にはかなりいいかげんにしたり省略して話しても、必ずしも「わかりにくい」ということにはならない。さらに、相手がいない場合とか一方的に話すときでも、たとえばラジオやテレビで考えてみると、語り方の抑揚とか言葉の区切り・息つぎ・高低アクセント・イントネーションその他の手段によって、そのままわかりやすいかたちで耳にはいるようになっている。もし完全に「話すように書く」ことを実行したらどうなるか。実例を見よう。

おはよおございますあれるすかなおはよおございますどおもるすらしいなはいどなたですかあどおもおはよおございますしつれえしますじつわはあじつわわたしこおゆうものなんですが

これは保険外交員のような立場の人がセールスに訪問したときの対話のはじまりである。ちゃんとした「共通語」で話してもこのていどだ。実際に話しているときは、こんなわかりにくいことはない。書いてもわかりやすくするためには、さまざまな「技術」を使うことになる。すなわち――


「おはようございます」

（あれ、留守かな？）

「おはようございます」

（どうも留守らしいな）

「はい。どなたですか」

「あ、どうも。おはようございます。失礼します。実は……」

「はあ？」

「実は私こういうものなんですが……」

これならわかりやすいだろう。ここで使われた技術は次の九種類である。

①発音通りに書かれているのを、現代口語文の約束に従うカナづかいに改めた。

②直接話法の部分はカギカッコの中に入れた。

③独白やつぶやきの部分はマルカッコ（パーレン）の中に入れた。

④句点（マル）で文を切った。

⑤段落（改行）を使って、話者の交替を明らかにした。

⑥漢字を使って、わかち書きの効果を出した。

⑦リーダー（……）を二カ所で使って、言葉が中途半端であることを示した。

⑧疑問符を使って、それが疑問の気持をあらわす文であることを示した。

⑨読点（テン）で文をさらに区切った。

なんでもないように見えながら九種類もの「技術」が使いわけられているからこそ、これはわかりやすい形に変化したのだ。ついでにいえば、この中で最もむずかしい技術は最後の「読点《とうてん》」(、)であるが、これについては一章をもうけて詳述しよう。もうひとつ別の例を見ていただきたい。

どっこにもかあちゃんひとりしかいじましたおったおいいまだれもおどごあどあいねごっだそたにもなにへでよべえっとぁへってありってもいいごっだあははは

これは岩手県二戸郡一戸町面岸の老婆が語る言葉をそのまま私が書いたものだ。新聞記事にはこれにいくらか「技術」が加えられて、次のようになっている。

「どっこにもかあちゃんひとりしかいじましたおったおいいま、だれもおどごあどあいねごっだそたにも。なにへでよべえっとぁへってありってもいいごっだ、アハハ」(『朝日新聞』一九七五年三月二四日夕刊・文化面「新風土記」第三九七回)

すなわち前の例でいえば②カギカッコ④句点⑨読点の三つの技術のほか、さらにカタカナの使用によって合計四つの技術が加えられ、それだけわかりやすくなっている。実はこれは私自身の書いた記事なのだが、これ以上わざと技術を加えなかったのは、老婆から耳できいたときの「わかりにくさ」を、そのまま文章の上でも表現したい目的があったからである。逆にいえば、この文章を読んでわかるていどには、耳できいてもわかる。つまり音便と拗音《ようおん》は耳できくそのままだし、句読点は耳できいてもわかる部分に限定した。したがって、このままの言葉でさらにわかりやすくするための技術を使えば、次のようになる。

「何処《どっこ》にも母ちゃん一人しかいじましたおったおい今、誰も男《おどご》ァどァ居ねごっだソタニモ。なにへで夜這《よべ》えっとァ入《へ》って歩《あり》ってもいいごっだ、アハハハ」

ここまでくれば、この地方の方言を全く知らない人でも、およその意味はわかるようになるだろう。つまり言葉はそのままでも、文章化のとき技術を加えることによって、耳できいたときよりもずっとわかりやすくなっている。(これは「出かせぎでどの家も男たちがいなくなったから夜這いにはいっても何でもない」という意味である。)

しかし実は、この例の最初の原形(どっこにもかあちゃん……)でさえも、厳密にいえば決して「話すように書いた」とはいえない。これには東北地方の方言を特徴づける母音構造(いわゆるズーズー弁の由来)が現れていないため、すでにこの原形自体が共通語に変えられている。きびしくいえば、もはや「文字」にしたとたんに技術が加わっているのであって、方言であれ共通語であれ、話し言葉の正確な再現を文字で示すことは不可能なのだ。たとえば寿司（スシ）は、東北の一部ではススというようにきこえるし、小学生の作文でもそのように書いてしまうようだが、このススは決して煤（スス）と同じ発音のススではない〔注2〕。同様に橋と箸の区別は、話し言葉なら高低アクセントでわかるが、書いたら漢字を使わぬ限りわからない。私の生地の伊那谷では、雲は**クモ**（モにアクセント）というので蜘蛛（**ク**モ＝クにアクセント）との違いが話し言葉ではわかるが、カナで書いたらわからない。

ともあれここにあげてきた実例は、句読点や漢字といった記号だけのわずかな「技術」だけれども、それでも「わかりやすさ」にこれだけの違いが出てくる。「話すように書く」ことなどできないのは当然であろう。

たとえばまた「見た通りに書け」という俗論がある。これなども「話すように書く」以上の暴論であろう。見た通りに書くということは、金輪際ありえない。こころみに、どこでもいいから一秒間だけ眼をひらいて見られよ。山の中でもいいし、街頭でもいい。その一秒間に何が見えただろうか。山の中であれば、まず一挙に何百種もの樹木や草や苔《こけ》類がとびこんでくる。それらの一枚一枚の葉の形や色、風にそよぐ様子といったこと全部を「見た通りに」書くとしたら、どうなるか。これは物理的に不可能だ。量として無限にあり、時間的にもそれらは同時に存在するのだから、同時に書くのでなければ「見た通り」ではない。あるひとつの草のことから書きはじめたら、それはすでに筆者が主観的に選択したのであり、筆者の眼にうつった無限のことがらの中からひとつだけ強引にとりだしたことを意味する。もはや「見た通り」では断じてありえない。

それではいったい、作文とはどういうことなのか。読者の中には、外国語を勉強したことのある人も多いだろう。とくに日本の場合はイギリス語が多いだろう。そのときの体験を思いだしてほしい。外国語の作文のとき、たとえばイギリス語だと、どこにコンマをうって、形容詞をどこにおいて、ここには関係代名詞を使って……というふうに考える。これは決して「話すように」作文するのではない。その意味では、子供のとき外国にいてその国の言葉が普通に話せる日本人といえども、単にそれだけでは決して外国語が「書ける」ことにはならない。イギリスやアメリカ合州国へ行くと「乞食でも英語を話す」という有名な冗談があるように、これは決して勉強したことにはならないのだ。ついでにいえば、会話ができることをよく「語学ができる」というが、とんでもない誤解であろう。スイスのある地域で子供がフランス語もドイツ語もイタリア語も同じように話せるからといって、その子は「語学」ができるわけではない。朝鮮が日本の侵略で植民地だったころ、日本語会話は生きる手段として朝鮮人に強制されたが、そうすると日本語がよく話せる当時の朝鮮人はみんな語学者なのだろうか。語学というような言葉は、対照言語学だの社会言語学・音声学といった本当の「学」をやっている人についていうべきであって、単にイギリス語が話せるとか、中国語会話がうまいというような場合とは無縁のものである。したがって、逆に全く会話はできなくても「語学ができる」人はいるのだ。

日本語の作文を日本人が勉強することも、このような外国語作文の原則と少しも変わらない。私たちは日本人だから日本語の作文も当然できると考えやすく、とくに勉強する必要がないと思いがちである。しかしすでに先の実例でもわかる通り、書くことによって意思の疎通をはかるためには、そのための技術を習得しなければならない。決して「話すように」「見た通りに」書くわけにはいかない。イギリス語作文でコンマをどこにうつかを考えるのと全く同様に、日本語作文では読点をどこにうつべきかを考えなければならない。このあたりのことを清水幾太郎氏は『論文の書き方』の中で次のように書いている。

私たちは日本語に慣れ切っている。幼い時から、私たちは日本語を聞き、日本語を話し、日本語を書き、日本語で考えて来た。私たちにとって、日本語は空気のようなもので、日本語が上手とか下手とかいうのさえ滑稽なほど、私たちはみな日本語の達人のつもりでいる。いや、そんなことを更めて考えないくらい、私たちは日本語に慣れ、日本語というものを意識していない。これは当り前のことである。しかし、その日本語で文章を書くという時は、この日本語への慣れを捨てなければいけない。日本語というものが意識されないのでは駄目である。話したり、聞いたりしている間はそれでよいが、文章を書くという段になると、日本語をハッキリ客体として意識しなければいけない。自分と日本語との融合関係を脱出して、日本語を自分の外の客体として意識せねば、これを道具として文章を書くことは出来ない。文章を書くというには、日本語を外国語として取扱わなければいけない。

要するに一つの建築みたいにして作りあげるのである。建築技術と同じような意味での「技術」なのだ。なんだか大げさで、えらいことのようだけれど、作文は技術だからこそまた訓練によってだれでもができるともいえよう。清水幾太郎氏のこの本は、かけだし記者のころ私も読んでたいへん参考になったが、題名は「論文の……」よりも「文章の書き方」とか「作文の方法」とすべきだと思った。

しかしこの優れた作文論にも、日本語というもののシンタックス（統語法・統辞法・構文）や文化的背景の理解に関しては限界がある。たとえば久保栄の作品『のぼり窯』の文章を引用しつつ、その意図を肯定しながらも悲観的で、「特殊な語順を初めとする日本語の特色」というような事実に反する記述を基礎に「日本語に負わされた運命というものを考えて、私は陰気な気分になってしまう」と清水氏は告白している。

清水氏にしてさえもこうした告白をしているのだ。これでは一般の間に日本語は「特殊」だとか、あるいはヨーロッパ語に比べて「論理的でない」といった俗説がはびこっているのも当然であろう。「特殊な語順」というような全くの誤りは、日本の知識人の知識が西欧一辺倒であって、ひざもとのアジアはもちろん、日本国内のことにさえもいかに無知であるかをさらけだしている。国内でいえばアイヌ語をみよ。一番近い隣国としての朝鮮語をみよ。いずれも日本語と同じ語順だ。アジアではインドやトルコをはじめ日本語式の語順がむしろ普通だし、ヨーロッパでもバスク語が同じだし、アフリカにもたくさんある。エスキモー語などはもっと徹底した「特殊」ぶりであろう〔注3〕。「陰気な気分になってしまう」のは、このような西欧一辺倒知識人の無知を見るときではなかろうか。

それにしても、たとえば私なども学生時代に読んだ金田一春彦氏の『日本語』は、岩波新書という大衆的な本のひとつである。そこには日本語の語順の少しも特殊ではないことが、世界諸言語との比較の上で書かれている。これはもはや常識ではなかろうか。「日本語は論理的でない」という俗説もこれに近い種類の妄言であろう。この種の俗説を強化するのに役立っている西欧一辺倒知識人――私は植民地型知識人と呼ぶことにしている――の説を分析してみると、ほとんどの場合、ヨーロッパという一地域にすぎない地方の言葉やものの考え方によって日本語をいじっている。極論すれば、メートル法やヤード＝ポンド法で日本建築を計測して「これは間尺に合わぬ」と嘆いているのである。こういう馬鹿げた日本語論は、私たち「愛国的」日本人としてはとうてい受け入れがたい。この俗論は事実として誤っていることを、私たちの母語〔注4〕を守るために、具体的に示していく必要がある。あらゆる言語は論理的なのであって、「非論理的言語」というようなものは存在しない。言語というものは、いかなる民族のものであろうと、人類の言葉であるかぎり、論理的でなければ基本的に成立できないのだ。「フランス語がフランス社会で役立っているのと同じように、ホッテントット語はホッテントット社会に役立っている」（千野栄一『言語学の散歩』）。ホッテントット社会では、フランス語はまるで「非論理的」であろうし、仮りに意味はわかってもその社会に無用の言葉が多いばかりで、必要な言葉は不足しているだろう。その意味では**言語とはすなわちそ**

の社会の論理である。そして日本語の論理や文法は、ヨーロッパ語の間尺で計測することはできない。同じことは音楽でも美術でも、要するに文化全体についていえることであって、もしフランス語が論理的で日本語が非論理的だというなら、そのように考えるのと全く同じ次元の論理によって、反対に「日本語こそ論理的で、フランス語はまことに非論理的だ」ということも可能なのである。げんに佐久間鼎氏は、日本語の方がヨーロッパ語よりも論理的だとしており、アリストテレス＝スコラの古典形式論理学の非論理性は、むしろ日本語の立場からこそ批判するのに有利なのに、ヨーロッパ語的表現様式で曲げられた形式論理に日本の学者が追随した結果、とんでもない偏見を広めてしまったとみる（『日本語の言語理論』）。

フランス語は「明断」（クラルテ）だという定評があるようだが、シャルル＝バイイ氏は「世人はフランス語の明断とフランス的明晰とを混同しているのだ」（小林英夫訳『一般言語学とフランス言語学』）とし、「フランス語の明晰性はこの言語の構造がずばぬけて明晰であるというより、むしろフランス人が彼等の国語を用いるときに明晰な表現を求めることに深く意を用いるという事情に由来するのだ、と言語学者シャルル・バイイは指摘する」（川本茂雄「日本語の明晰性」『日本語教育』第二七号）。また大橋保夫氏は「フランス語は明晰な言語か？」（『ふらんす』一九七四年四～五月号）で、フランス語それ自体にとくに明晰性があるわけではないこと、地球上のさまざまな文化的背景の多様性を知っていることから状況依存の言語表現を避けようとする努力の結果に由来することを説いている。そして蓮實重彦氏は「明晰性の神話」（同氏『反=日本語論』所収）の中で、フランス語のフランス的あいまいさを具体的に示し、「現代のまともなフランス人なら、誰ひとりとして『フランス語の明晰さ』などを信じてはいない」と断じている。イタリア系アルゼンチン人のドメニコ=ラガナ氏は、日本人哲学者・森有正氏の「経験と思想」（『思想』一九七一年一〇月号）という論文から引用して次のように書いた。

この論文は私に大きな打撃を加えた。というのは、森氏の断定することが事実だとすれば、私などはこれ以上暗中模索しつづけるよりは、日本語でものを書くのを断念した方がいいからだ。森氏はこう言っている。

「フランスの大学生に日本語を教えることは非常に困難である。普通それは記載法の相違、例えばアルファベットの代わりに、シラブルの符号である仮名を使用すること、特に音読み、訓読みという二通りの読み方のある千何百という漢字があること、のせいにされているが、それは決して最大の困難ではない。私は、一番大きい困難は、日本語は、文法的言語、すなわちそれ自体の中に自己を組織する原理をもっている言語ではない、という事実にあると考えている。」

日本語の記載法はいうまでもなく、非常に複雑である。それにもかかわらず、それは、森氏が指摘するように、外国人にとって一番大きい困難ではないかも知れない。私としては生来、記憶力が弱いので、日本語の記載法に苦労させられるのだが、この点、自分のことを引き合いに出すことは不適当だろう。それはそれとして、「日本語は、文法的言語、すなわちそれ自体の中に自己を組織する原理をもっている言語ではない」ということは事実だろうか。

ろくにテニヲハのつかい方も心得ていない私がこんなことを言うと、あつかましく聞こえるだろうが、森氏の主張は独断のように思われてならない。最大の困難は外国人にとって記載法の相違ではなく、文法の相違である、というくらいのことなら、異議はあるまい。しかし、「日本語は、文法的言語、すなわちそれ自体の中に自己を組織する原理をもっている言語ではない」と言われては、納得が行かない。森氏には失礼だが、そのような断定のうらには、日本人をユニークな人間とする心理が働いているように思われてならない。私の考えでは、どの言語でもそれ自体の中に自己を組織する原理、法則をもっていると思う。(日本ペンクラブ『日本文化研

究論集』のD＝ラガナ「日本語は〝非文法的言語〟か」＝D＝ラガナ『日本語とわたし』所収＝より）

まことに「それ自体の中に自己を組織する原理をもってい」ないのは、森有正氏自身であろう。奥津敬一郎氏（「『ダ』の文法」『言語』一九八〇年二月号）によれば、森有正氏は中村雄二郎氏との対談で次のように語っている。

たとえば「さあ、これから何食べましょうか」とこう言うでしょう。…中略…「ぼくはさかなです」それを訳すと Je suis un poisson. どこにもそんなものはありませんよね。

いったい森有正氏には、日本語をフランス語に訳す初歩的な力が果たしてあるのだろうか。「『ダ』と être という異質のものを同一視するからそんなことになる」（奥津敬一郎氏）。そのような森有正氏がパリ大学で長く日本語を教えていたというのだから、ことは一学者の無知にとどまらず、日仏両国の公的文化接触での重大なミス＝キャストでもある。これもまた植民地型知識人の一人なのであろう。言葉についての森有正氏の無知・鈍感が、彼の専門としての哲学、ひいては「ものの考え方」の本質にまで及んでいなければ幸いだが。

ただ、こういうことはいえるだろう。いくら日本語が論理的であっても、それを使う人間が論理的であるとは限らない。言葉を「書く側」が常に支配者側（体制側）だったことはどこの国の歴史も共通だが、明治以後の日本の場合、体制側としての多くの知識人が西欧一辺倒に走った結果、西欧の論理で日本語を計測するという大過を犯した。（それ以前には中国一辺倒だったようだが。）そのおかげで、たいへん論理的な言語としての日本語が、誤った使い手によってさんざんな目にあわされてきたのだ。文法家の三上章氏なども『日本語の論理』といった著書でこの点を突いて憤慨している。言語学者ロイ＝アンドリュー＝ミラーは、その著書『日本語――歴史と構造』（小黒昌一訳）の中で次のように書いた。

富士谷、義門、その他によって始められたこの完全に日本で生まれた文法の伝統は、徳川時代末期に西洋の学問が導入されたことで、不幸にもその芽をつみとられてしまった。もし外国からこうした非常に有害な影響を受けずに進んでいたら、日本人は世界の学問の歴史で極めて重要な文法的記述の科学を必らず発展させていたことであろう。しかし残念なことに、徳川時代末期数年間にオランダ語とそれに次ぐ英語の研究熱が高まったため、人々は医学と天文学の新知識を求めるためだけではなく、新しい進歩的文法観と考えたものを求めて外国の書物に目を転じたのである。その時に日本人は判断を誤ったのである。当時の西欧の一般的言語観と文法研究のレベルは、かつてない程に低いものであった。その結果として、日本人が当時獲得したものはほとんど全て、今でも学び直す必要のあるものとなっている。古くさくて非科学的な西洋文法観が大量にたちまちのうちに日本語文法研究の用語や方法論の中にもちこまれ、それらは現在でも日本の学校の伝統となって残っている。富士谷ら先駆者的学者の科学的・記述的方法論は、インド・ヨーロッパ語文法、特にオランダ語と英語の文法範疇類を日本語の中に確立しようという大規模で悲惨な試みの前に、捨て去られてしまった。この領域での研究のはっきりとした方法論的基盤もなく、ただただ西洋文化の相をまねするようなサルまね的熱意をもって模倣に精出しているうちに、日本の自称文法家連は、やがて、当時流行していた英語の記述法とほとんど区別できないような記述を日本語にも行うことに成功したのである。二つの言語が構造的に非常に異なっていることもあり、出てきた結果はもちろん悲惨であった。

日本の学校制度で今日教えている文法方式も、また多くの日本人専門家が日本語を分析する方法も、ともに大部分は見境いもなく借用を行なっていた時代の遺産である。

文部省教育もこれには責任があるだろう。小学校でいったい作文の基本的技術をどれだけ教えているのだろうか。作文の時間そのものが、たとえば私たちの小学校時代〔注5〕より少ない上、読書の「感想文」などを書かせているのだ。このような日本の教育環境もまた、いまの日本に非論理的文章の多い現象の一因であろう。こうした問題をも含めながら、日本語の作文技術について考えていきたい。

〔注1〕　10ページ　ここで「言葉の芸術としての文学は、作文技術的センスの世界とは全く次元を異にする」といったのは、たとえば植物図鑑の図と、絵画として描かれた植物との違いに似た意味であって、マチスが「前衛的」に花を描くセンスと、植物学者が新種の植物を正確に図にするセンスとは全く次元が異なるようなものである。現代詩や俳句はもちろん現代小説にもその意味での「前衛的」なものがよくあり、それは谷崎潤一郎などが「文章に実用的と芸術的との区別はない」（『文章読本』）という場合とは意味が違う。散文に限っても、これはやはり次元を異にする。（もっとも「前衛的試み」を退廃として排除するとなると、また別の次元の問題になるが。）

〔注2〕 17ページ 東北弁の寿司（スス）と煤（スス）の場合、高低アクセントの違い（ススとス
ス）でもわかるが、仮りにアクセントが同じとしても、寿司のときのススは、はじめの「ス」と後の「ス」とで発音が違うので、地元の人ならその差はききわけている。しかしカナでそれを表すことはできない。煤のススは、二つのスが全く同じ susu である。
〔注3〕 21ページ 世界の諸言語の語順を日本語の立場から比較検討した論文に、和田祐一「統辞類型論」および「現代諸言語の類型的とらえ方」（いずれも『季刊人類学』第一巻四号・一九七〇年）がある。
〔注4〕 22ページ 「母語」のことを「母国語」という人が多いが、これは全く誤っているばかりか、ときには実体と正反対の概念をあらわすことにもなりかねない。たとえばアイヌ民族の老人の中には、アイヌ語を「母語」として育った人が今なおいるが、この場合のアイヌ語は決して「母国語」ではなかった。アメリカ合州国のプエブロ族にはプエブロ語以外に話せない老人が多いが、彼らの母語はプエブロ語であって、〝母国〟の公用語すなわちイギリス語では断じてない。「母語」と「母国語」とが同一である人々（多くの日本人・多くの韓国人・多くのドイツ人など）も多いが、両者は完全に別の言葉であって、ときには「対極をなす」（田中克彦『言語の思想』）ほど互いに隔絶している。
〔注5〕 29ページ 私たちの小学校時代は「つづりかた」としての作文の時間はあったが、しかし文章を書くための基礎技術は全く教えられず、以後中学・高校・大学を通じて一切教えられなかった。漢字を覚えたり古文や文法をつめこまれることと、わかりやすい文章を書くこととはほとんど無関係である。この状況は基本的に現在も変わらず、たとえば言語学者・井上和子氏は、こ

の点について次のように触れている。

われわれの小学校・中等学校時代の作文は、誤字の訂正と、一重丸二重丸などによる評価の印だけをつけて返されたものである。文の組み立て、パラグラフの作り方、論旨のまとめ方についての批評や、指示はほとんどなかった。作文の題は、事物の客観的な描写や、論理的表現を求めるものはほとんどなく、主観的な表現で足りるものが多かった。書きことばによる表現力の指導について、現在ことばの専門家よりも理科系の専門家から、種々の提案が出はじめているようである。客観的に的確な表現力を必要とする学問分野からの当然の要請として積極的に受けとめるべきであろう。（「ことばのしつけ」『言語』一九八〇年七月号）

第二章　修飾する側とされる側

わかりにくい文章の実例を検討してみると、最も目につくのは、修飾する言葉とされる言葉とのつながりが明白でない場合である〔注1〕。原因の第一は、両者が離れすぎていることによる。極端な例をあげよう。

私は小林が中村が鈴木が死んだ現場にいたと証言したのかと思った。

この文章がなぜわかりにくいかは、だれしもすぐ理解できよう。それぞれの修飾・被修飾関係は次の通りである。

私は小林が中村が鈴木が死んだ現場にいたと証言したのかと思った。

つまり「私は……思った」の間に、修飾・被修飾関係にある言葉が何重もの入れ子になっていて、文法的には正しくとも、これでは一読して（耳で聞いても）わからない。この文章を、一切の言葉に変更を加えずに、機械的に位置を変えるだけでわかりやすくするためには、修飾・被修飾関係の言葉同士を直結し、入れ子をはずせばよい。

鈴木が死んだ現場に中村がいたと小林が証言したのかと私は思った。

むろん実際にはもっと手を加えなければならないが、少なくとも位置を変えるだけの操作でかなりわかりやすくなる〔注2〕。こういう極端な例をみると「まさかこんなひどい文を……」と思われるかもしれない。しかし私たちの周辺にはこれに似た文章がいくらでもみられる。次の文章は新聞の社会面トップ記事である。

二日未明、東京都三鷹市のマンションで、部屋に充満していたプロパンガスが爆発して四人が重傷、三十二人が飛び散ったガラスの破片などで一―二週間のけがをした。（『朝日新聞』一九七四年一〇月二日夕刊9ページ）

これなどはかんたんな例だから特別にわかりにくくはないが、それでも「三二人が飛び散った……」のところは一瞬まごつくだろう。まるで人間が飛び散ったかのように思わせられる。「三二人」が実は「一―二週間のけがをした」にかかるのだということを理解するまでには、瞬間にせよ途中で読みかえさなければならない。これを抵抗なく読ませるための第一の方法は、修飾関係の直結だ。

……四人が重傷、飛び散ったガラスの破片などで、三二人が一―二週間のけがをした。

しかし論理的にはこれでも不完全であろう。「一―二週間のけが」をした人はガラスの破片によるものだが、重傷の四人は何によるのかわからない。爆風ということも考えられるが、やはりガラスの破片もあるだろう。「ガラスの破片など」というのだから、いろいろあるようだ。となると「ガラスの破片などで」は重傷者をも修飾すべきであろう。

……プロパンガスが爆発して、飛び散ったガラスの破片などで四人が重傷、三二人が一―二週間のけがをした。

これなら抵抗なく読めるし、論理的にも欠陥はない。それでは極端にわかりにくい実例を次にあげよう。

いま僕自身が野間宏の仕事に、喚起力のこもった契機をあたえられつつ考えることは、作家みなが全体小説の企画によってかれの仕事の現場にも明瞭にもちこみうるところの、この現実世界を、その全体において経験しよう、とする態度をとることなしには、かれの職業の、外部からあたえられたぬるま湯のなかでの特殊性を克服することはできぬであろう、ということにほかならないが、あらためていうまでもなくそれは、いったん外部からの恩賜的な枠組みが壊れ、いかなる特恵的な条件もなしに、作家が現実生活に鼻をつきつけねばならぬ時のことを考えるまでもなく、本当に作家という職業は、自立しうるものか、を自省する時、すべての作家がみずからに課すべき問いかけであるように思われるのである。（大江健三郎「職業としての作家」『別冊・経済評論』一九七一年春季号）

大江健三郎氏はかなり〝独自〟の文体で知られているらしい小説家の一人だろう。右の例はしかし小説ではなくてエッセイだ。文体の問題にかかわるので、この文章について軽々に論ずる自信は私にはない。しかし、これが「わかりにくい文章」であることは確かだろう。周囲の数人に（大学の語学教師も含めて）きいてみたが、一読して理解した人はいなかった。外国語を習いはじめたときは、「これは、これを修飾して……」などと、文章を分解しながら考えこむ。それと似た〝作業〟をしなければ、この日本語はわからない。文法的に非文というわけではないのだが、実にわかりにくい。わかりにくくしている原因のひとつが、修飾・被修飾関係の離れすぎである。分析してみよう。

「いま僕自身が……考えることは」が、この文章の最初の題目である。それが結ばれる述部の言葉をさがしてゆくと、「……ということにほかならない」がある。さらに文章は「が」でつながって切れ目なくつづき、ことによるとまだほかにこれを受ける述部があるかもしれないと疑いながら終わりまで読むと、どうやらもうないことがわかる。そこで後半は「（いうまでもなく）それは」が二度目に現れた新題目で、その述部をさがしてゆくと、最後に近い「問いかけである」らしいこともわかる。しかし最後の「思われるのである」にかかるような気もする。果たして「それは」がどちらにかかるのかを検討してみると、「問いかけである」は「それは」がなければ成立しない述語であるのに対し、「思われるのである」は「それは」を必要不可欠としない述語であることがわかる。たとえば「明日は雨と思われる」と同じタイプで、「（私には）思われる」ということだ。

このように、一番基本となる修飾・被修飾関係を見定めた上で、この文章を化学構造式風に図示してみよう（39ページ）。まず太字で示した部分だけ読んで大体の骨子を理解した上で、あとの補足部を読むとわかりやすい。

こうしてみると、いかに文体とはいえ、これは相当なものだと思う。テンの打ち方にも問題が多い。しかも芸術作品としての実験小説ではなくて評論的な内容なのだから、やはりなるべくなら分かりやすくすべきではないだろうか。

わかりにくい悪文の例は、よく翻訳にみられる。翻訳という仕事は大変な作業で、公刊した単行本としては私も『エスキモーの民話』(すずさわ書店)一冊だけ〔注3〕があるが、もうご免だ。翻訳は①まず原文の意味を完全に理解し、②それを完全な日本語として建築する――という二つの仕事を、どちらも同じ比重でしなければならない。どちらが不完全でも落第である。ところが、二つとも不完全な訳書がいくらでも刊行されている。当人が原文の意味を理解していないで、どうして日本語として完全なものになりえようか。だからそういう訳書は、日本語として意味のよくわからないところを原文で当たってみると、たいてい誤訳している。

しかし多少の誤訳があろうとも、もし②の作業――日本語として完全な建築がなされているなら、少なくとも「わけがわからぬ」ということにはならない。反対に、外国語がいくらペラペラで理解は完全(①の方)であっても、日本語作文(②の方)がダメであれば、翻訳をしたことにはならぬであろう。そうした場合のわかりにくい原因には、やはり修飾・被修飾の距離の離れすぎが圧倒的に多い。とくにイギリス語やフランス語のように、主語が述語を強力に支配し、その結果補語が述語よりあとに延々とつながる構文を日本文に翻訳するときにこれは目立つ。なぜそうなるかというと、イギリス語というシンタックス(構文・統辞)の世界を、そのまま日本語という別のシンタックスの中へ押しこんでしまうからである。翻訳とは、シンタックスを変えることなのだ。たん

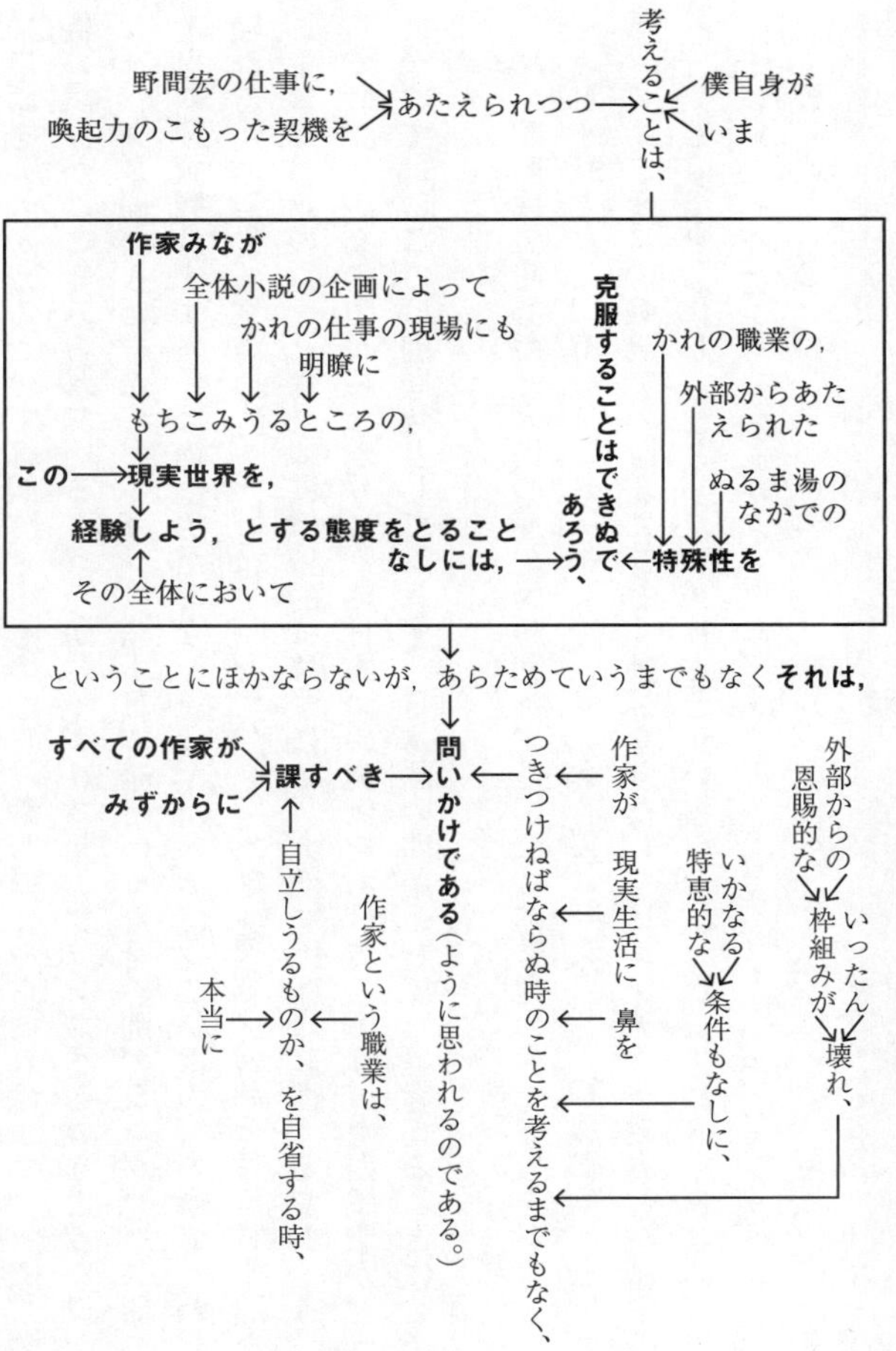

野間宏の仕事に,
喚起力のこもった契機を
あたえられつつ
考えることは、
僕自身が
いま
作家みなが
全体小説の企画によって
かれの仕事の現場にも
明瞭に
もちこみうるところの,
この
現実世界を,
その全体において
経験しよう，とする態度をとること
なしには,
克服することはできぬであろう、
かれの職業の,
外部からあたえられた
ぬるま湯のなかでの
特殊性を
ということにほかならないが，あらためていうまでもなくそれは,
すべての作家が
みずからに
課すべき
問いかけである（ように思われるのである。）
自立しうるものか、を自省する時、
本当に
作家という職業は、
つきつけねばならぬ時のことを考えるまでもなく、
作家が
現実生活に
鼻を
特恵的な
いかなる
条件もなしに、
外部からの
恩賜的な
枠組みが
いったん
壊れ、

に単語を入れかえるだけで翻訳できるものなら、翻訳機にやらせればよい。実際、翻訳機の試作がこころみられているようだが、イギリス語→フランス語というような似たシンタックス間ならともかく、イギリス語→日本語といった全く別のシンタックス間では、本当の翻訳機はまず当分は絶望的だろうと思う。たとえば、これはのちの章でくわしく触れるが、「象ハ鼻ガ長イ」という場合の「ハ」のような便利な助詞を持つ日本語など、ヨーロッパ語のシンタックスに機械的に移すには、大変な困難に直面するであろう。

では、翻訳文の中からわかりにくい日本語の実例をあげてみよう。ただ誤訳かどうかについてはここでは別問題としてふれず、日本語の問題としてだけ考えることにしたい。

愛国武装諸勢力と人民の連続的勝利は、愛国武装諸勢力の兵士多数を殺害してこれをせん滅し、解放区にたいする攻撃とかく乱をおこない、「特殊戦争」を拡大して、ラオスの戦場での敗北にひどく動揺をきたしたビエンチャン政府と右派軍の士気と立場を強化しようとしたアメリカとかいらいの試みが、またもやみじめな失敗に終わったことをしめしている。（プーミ＝ボンビチット『人民のラオス』新日本新書・145ページ）

右の訳文は、この長い文章が全部入れ子の中にはいっているために、述語「しめしている」と、それにかかる主要題目「愛国武装諸勢力と人民の連続的勝利は、」とが、はるかに遠く離れている。これも直結して、冒頭部分を最後の「しめしている」の直前に置き、「……みじめな失敗に終わったことを、（この）愛国武装諸勢力と人民の連続的勝利はしめしている。」とするだけでも、よほどわかりやすい。
次の訳文はどうだろうか。

窓ガラスの砕けた自動車が止っていた。ガラスの破片が泥のうえに散っていた。署長ラリーが来ていて、三人の証人をさがしていたが、SNCCと関係のある者は相手にしなかった。証人はカールをした、ひじょうにしっかりした若い女で、彼女はひどいことをするといって大いに怒っていた。が、署長は三度彼女に頼んで証人になってくれといった。犯人は「長い髪の男で、髪をひたいに垂らしていた」。どうせそんなことをいってもわかりはしないとその女は思っているらしかった。（サリー＝ベルフレージ『黒い自由の夏を』朝日新聞社・247〜248ページ）

のちに説明するように、日本語の大黒柱は述語〔注4〕であって、いわゆる「主語」

ではない。傍線の述語「相手にしなかった」は何を受けるのだろうか。この文章だと「SNCCと関係のある者は」だけしか受けない。しかしこの「は」は、ガを兼務して「……関係のある者が（署長を）相手にしなかった」という意味にもとれるし、ヲを兼務して「……関係のある者を（署長が）相手にしなかった」ともとれる。この文章の限りでは前者（つまり、署長は相手にされない）のようにとるのが自然のような気もするが、それだとあとの方の文章とツジツマがあわない。即ちこの述語は、ここで欠くことのできぬ対格（○○ヲ）または主格（○○ガ）を欠いてしまっているのだ。修飾される側だけがあって、する側が欠落している。

「だから日本語は非論理的だ」という植民地的発想が出てくるのはこういうときだ。非論理的なのは日本語なのではない。これを訳した人間、日本語を使いこなせない「使い手自身」こそが非論理的なのである。だからつづく文章も実に奇妙な日本語が並ぶ。二番目の傍線「怒っていた」という述語も、だれが怒っていたのかはっきりしない。「彼女は」怒っていた——ともとれるし、その前の「若い女」が、だれか第三者の「彼女が」ひどいことをするといって怒っていた——ともとれる。「若い女」イコール「彼女」であればツジツマが合うが、それならこういう場所に「彼女」という言葉を使うべきではないだろう。そのあとの日本語も、どうにも何のことかわかりにくい。

これほどひどい訳文となると、修飾語の位置をいかにかえてみても、ついに意味がわからない。分解し、構造式を作ってもムダである。原書を見るほかはないだろう。翻訳文でなくとも、修飾・被修飾の距離が離れすぎると、書いている当人もつい忘れてしまうことがある。つまり、修飾の言葉が出てきながら、被修飾語がそれを受ける形をなしていないのだ。次の例を見ていただきたい。

ここで重要なのは、非単系の社会に血縁集団が存在するばあい、必ず土地・財産などはその成員《メンバー》が共有するか、あるいは一成員《メンバー》の所有となる土地と財産とに他の成員が依存することが必要だと思われる。血縁組織そのものが、非常に流動性に富み、単系と違って成員が構造的に決定されていないから、一定の地域に居住し、一定の土地・財産を共有しない限り、成員の団結は困難である。同時に、この流動性に富むということは、いかなる経済的な環境・変化にも順応することができる。（中山書店『現代文化人類学』第三巻・九一ページ）

右の中で傍線を引いた二つの部分は、それぞれの文章の述語、つまりあとに修飾される言葉、係られる側を欠かすことができないはずだ。ところがこの文章だと、係られる側となるべき言葉が、ついにどこにも現れない。言わんとしている意味はわかるが、文法的に欠陥品なのである。これは次のように直さなければならない。

まず最初の傍線部「ここで重要なのは」は、もしこのままで述語を完全にする方法をとるなら、この文を「必要だと思われる」で終わりとしてしまっては、入れ子の底が抜けてしまっている。底とは、入れ子の中をカギでくったときの「閉じカギ」のことだ。たとえば「必要だと思われる**点である**」として、「点である」という底をつければよろしい。これも次のように構造式にしてみるとわかりやすいだろう。

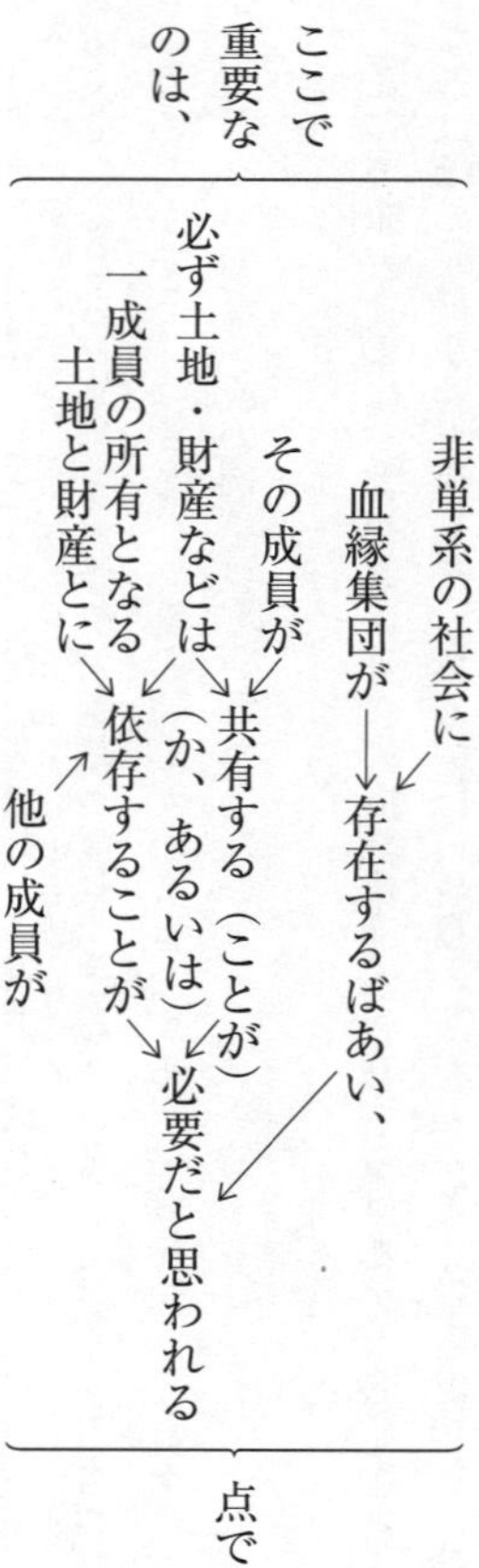
ここで重要なのは、
非単系の社会に
血縁集団が
存在するばあい、
その成員が
必ず土地・財産などは
一成員の所有となる
土地と財産とに
共有する（か、あるいは）（ことが）
依存することが
他の成員が
必要だと思われる
点である。

同様に、次の傍線部「この流動性に富むということは」は、「順応することができる**ということでもある**」とでもしなければ、入れ子の底がつかない〔注5〕。

これらをわかりやすくするためには、やはり入れ子の外側をはずして直結することだ。前の場合だと「ここで重要なのは次の点である。すなわち非単系の……」とするか、あるいは「非単系の……と思われる点がここで重要だ」とすればよい。

次に、最もわかりやすくなければならぬ性質の文章が、一読しただけではとうていわからぬ実例をあげよう。日本航空が国際線の航空券ＭＣＯ（超過料や別途運賃のための予備支払い証）に印刷している文章である。たとえば――

支払証に記載されている者又はその者に代って本支払証を購入する者が、本支払証を受領した場合は、これらの者が、発行会社又はその同系会社は、かかる陸上、海上その他の運送業務、斡旋もしくはその他のサービスより発生する人又は物についてのいかなる損失、傷害、損害又は遅延に対して一切その責に任じない旨の条件に同意し受諾したものとみなされる。

会社と乗客との間になにかイザコザが起きたとき、料金の払いもどしなどで会社が損をしないようにいろいろズルイことを決めておき、しかも乗客にわざとわからないように書いて、いざというとき「書いてある」と主張するためには、これはたいへん〝すぐれた〟文章であろう。この種の文章は、だから法律関係にも多い。改良方法は読者におまかせする。

修飾する側とされる側の距離に関連して注意すべきは、否定の言葉を修飾する場合だ。次の新聞記事を見よう。

運輸省の話では、シンガポール海峡は、東京湾、瀬戸内のように巨大船の航路が決められ、対向船が違うルートを運航するよう航路が分離されていない。(『朝日新聞』一九七五年四月一九日朝刊3ページ=原文は「運行」だが修正した。)

この記事によると、東京湾と瀬戸内海は航路が分離されているのか、いないのか、どちらだろうか。「シンガポール海峡は航路が分離されていない」というのがこの記事の骨であって、その間にいろいろ文句がはいってくる。これはしかし、修飾する側とされる側の離れすぎのほかに、もっと重要な助詞の問題もからんでいるので、くわしくは第六章であらためてふれるが、この場合の応急措置としては、やはり入れ子をはずすことであろう。意味から考えると、たぶん東京湾や瀬戸内海では分離されているらしい。とはいえ、この文章だけから文法的に考える限りそうとは断言できないので、当局に確認しなければならない。仕方がないから運輸省に電話で取材してたしかめた。（手のかかることだ。）応急措置の結果は次の通りである。

運輸省の話では、東京湾や瀬戸内では巨大船の航路が決められ、対向船が違うルートを運航するよう分離されているが、シンガポール海峡は分離されていない。

〔注1〕　32ページ　**修飾語**　のちにも述べるような理由で、本書では文法になるべく深入りしたくないけれど、最小限の言葉の定義はせざるをえない。ここでいう修飾語とは、いまの学校文法で主流を占めている狭義の「修飾語」ではなく、きわめて広い意味の「かかる文節」（「うける文節」の対）と考えていただきたい。補語・補足語・補足部などとしてもよい。いわゆる「主語」も連用修飾語の一種とみる。したがって述語（述部）にかかるすべての単語や文節・連文節（句）は修飾語ということになる。たとえば本書の「あとがき」の最初から六行目に出てくる一文「想えば、講義に類することは私にとってこれが生まれて初めてでした」は、「初めてでした」という述語に次のような五つの修飾語がかかっている。

想えば、
講義に類することは
私にとって
これが
生まれて
初めてでした。

〔注2〕33ページ　川本茂雄氏（「日本語の明晰性」『日本語教育』第二七号）によると、これと全く同じことがイギリス語でもいえることを、J＝T＝グリンダー・S＝H＝エルジン『入門変形文法』（鏑木英津子訳）が次のような実例で説明している。（のちに川本茂雄『ことばとこころ』に収録。）

（A）The hunters shot the ducks that were swimming against the current which was carrying the poor birds out to sea.

（B）The National Guardsmen the governor the people the students had tried to talk to had elected ordered to the campus milled about in the quadrangle clutching their canteens.

つまり（A）の方は入れ子ではなくて修飾・被修飾（または主述）が直結しているが、（B）の方は nested construction（繰り込み構文）となっているために、紙に書いて解剖でもしてみないと把えがたいとして、次ページのように分析する。どうやら「わかりやすい文章」のための基本的原理は、全く異質の言語間においても共通のようだ。

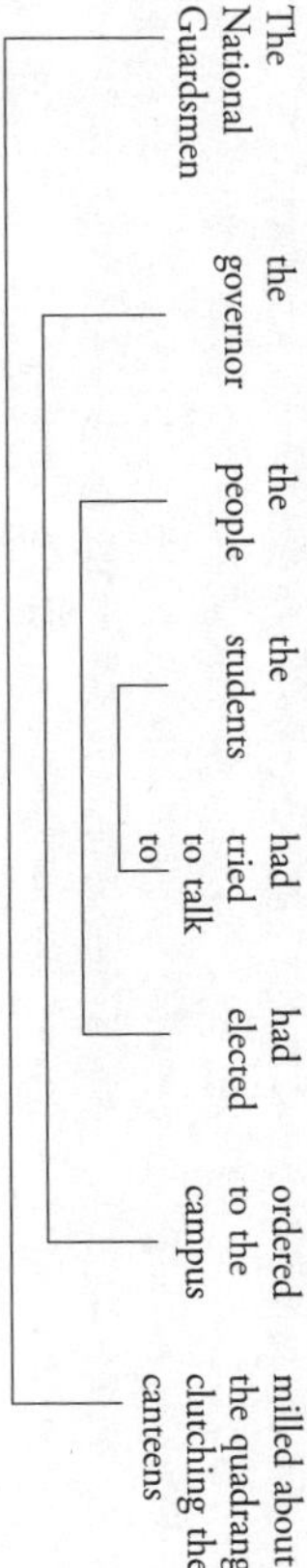

〔注3〕38ページ『エスキモーの民話』は、のちに「本多勝一集」第26巻『アイヌ民族』に「イニュイの民話」として収録されている。

〔注4〕41ページ **述語** いわゆる「主語」と対をなして輸入されたこの用語自体にも再検討の余地があろうが、本書では一応そのまま使う。

〔注5〕45ページ 修飾・被修飾の関係からも底抜け文章の点でも、もっと極端な実例を引用しよう。

必要なことの一つは、スミスの経済書や倫理学の著作を通じて彼の思想の根幹をなしている人間の本性、「利己心」＝「自愛心」、そして独立の人間としての気概、それらが、国民経済そのものが彼の念願している「事物自然の成り行き」に向かわず、独占の定着、競争原理の排除、蓄積を食い潰す浪費、勤勉に対する怠惰の圧倒、に顛倒していく今日、二百年以前の『国富論』の初心にもう一度戻って事態を総体として点検し正してみる必要があろう。（『朝

日新聞』一九七六年一月三一日夕刊・文化面「不思議な国のスミス」から）

この筆者には、誤りはない場合でも次のような（悪い意味で）珍しいスタイルの例が、同じ文章の冒頭に出てくる。

アダム・スミスの正体を見抜き、終始スミスと対決し、『国富論』が「諸国民の富の原因と性質」を客観的に究明しようとしたものではなく、学問的な扮装を凝らしてはいるが、その実「大英帝国」を富強にするための方策を経済学の衣をかぶせて提案したものにすぎないことを叫びつづけ、後進資本主義国家としてのドイツをスミスの謀略的な「ポリティカル・エコノミー」の影響からどうやって救い出すかに生涯を賭け、志ならずして二月革命（一八四八年）の二年前、闘争疲労のはて、オーストリアのクーフシュタインで、雪の日、ピストル自殺をとげたフリードリヒ・リストに対して、スミスの生涯はどうだったか。

〔次章53ページの注〕　ここでいう「節」は、イギリス語文法でいうクローズに、また「句」は同じくフレーズにほぼ相当するが、厳密な意味では日本語文法と同じではない。日本語文法では、「節」「句」「詞」「辞」などの用語の定義が、たとえば橋本（進吉）文法・山田（孝雄）文法・松下（大三郎）文法・時枝（誠記）文法などによって異なるので、修飾順という目的のためにここではこのように簡略に定義しておいた。すなわち「節」は一個以上の述語を含む複文とし、「句」は述語を含まない文節（文の最小単位＝橋本文法）とする。

第三章　修飾の順序

たとえば、ここに紙が一枚あるとしよう。これを形容する修飾語をいろいろ次に並べてみる。

白い紙
横線の引かれた紙
厚手の紙

右にあげた三つの修飾語をひとつにまとめて、「紙」という名詞にかかる修飾語を作るとき、順序はどうすればいいだろうか。いくつか組合わせてみよう。まず右に書いた

順序のまま並べてみると、

白い横線の引かれた厚手の紙

すぐ気づくように、これだと「白い横線」の引かれた紙、つまり横線が白いことになってしまう。では反対から並べてみよう。

厚手の横線の引かれた白い紙

こんどは横線が厚手（？）であるかのようにとられる恐れがある。残された並べ方を、次に列挙しよう。

Ⓐ白い厚手の横線の引かれた紙
Ⓑ横線の引かれた白い厚手の紙
Ⓒ横線の引かれた厚手の白い紙
Ⓓ厚手の白い横線の引かれた紙

以上の六通りの並べ方ですべての例がそろった。この中で誤解を招きやすいのは、さきの二例のほかⒶとⒹである。ⒷとⒸなら誤解はない。

それでは、このⒷとⒸの二つの並べ方が他の四例と比べて違っている点は何だろうか。それは、「横線の引かれた」が先にあり、「白い」または「厚手の」があとにあること。すなわち、節（クローズ）が先で、句（フレーズ＝50ページに注）があとに出ることだ。

なぜこうなるかというと、他の例ではっきりしたように、句を先にすると「横線」がそれに修飾されることになるからである。「横線の引かれた」という節が、「白い」または「厚手の」という句のあとにくると、修飾は節の中の先の方の名詞（横線）だけにかかってしまう。したがって、語順の第一の原則として、ここで次のようなことがいえよう。

❶節を先にし、句をあとにする。

これは動詞にかかる修飾語の場合も同様であって、たとえば（自動車が）「走る」という動詞について考えてみると――

速く走る。
ライトを消して走る。
止まらずに走る。

これを、もし「速く」を先にして

速くライトを消して止まらずに走る。

とすると、なんだか「ライトを消す」ことを「速く」する、つまり「速く」が「消す」を修飾するかのように読まれる恐れが出てくる。それでは次の二つのどちらが良いだろうか。

Ⓐライトを消して速く止まらずに走る。
Ⓑライトを消して止まらずに速く走る。

あきらかにⒷの方が誤解が少ない。なぜⒶが問題かというと、「速く止まらずに」とした場合、止まらぬという動作を速くする。つまり「速く」が「止まらずに」を修飾するかのようにとられる恐れがあるからだ。すなわち「止まらずに」も節だから「速く」という句より後に置いてはまずいのである。

それでは、節が続く場合はどうだろうか。この例だと「ライトを消して」と「止まらずに」だから、

Ⓑライトを消して止まらずに速く走る。

Ⓒ止まらずにライトを消して速く走る。

この二つを比べてみると、Ⓑは誤解が少ないが、Ⓒは「止まらずに」が「消して」を修飾し、たとえば「止まってライトを消すのではない」という意味にとられる恐れが出てくる。しかし、そういう意味ではⒷにしても「ライトを消して止まらぬ」、つまり「ライトをつけてなら止まる」というように、「消して」が「止まる」を修飾することだってありうる。となると、なぜⒸよりもⒷの方が誤解が少ないのであろうか。

問題をハッキリさせるために別の場合を考えてみよう。こんどは格助詞による述語修飾の例で検討してみる。

AがBをCに紹介した。

右の文章は、ガ、ヲ、ニという三つの格助詞が使われている。文法家によっても違うが、ここでは故・三上章氏に従ってこの三者を次のように呼ぶことにする。

Aガ……主格
Bヲ……対格
Cニ……方向格

さて、これはのちの章で詳述するが、日本語の場合この三者の資格は対等であって、いずれも「紹介した」を修飾する補足語だ。そして、これが重要なのだが、対等の資格だから順序も対等で、どれが先でもよろしい。すなわち、次の各例はどれも文法的に正しいし、また文章として不自然でもない。

①AがBをCに紹介した。

②ＡがＣにＢを紹介した。
③ＢをＡがＣに紹介した。
④ＢをＣにＡが紹介した。
⑤ＣにＡがＢを紹介した。
⑥ＣにＢをＡが紹介した。

つまり、これは「紹介した」という述語をめぐるＡとＢとＣの三人の関係なのだ。中心は述語に、述語だけにあって、他の三者はその付属物にすぎない。したがってこの三つの語は順序が全く自由であり、順序によって「わかりやすさ」に差ができることもなければ、論理が変わってくることもない。これは大前提である。
ところが、ＢとＣの二人に次のような修飾語をつけてみよう。

私がふるえるほど大嫌いなＢ
私の親友のＣ

これをさきの「紹介した」という述語を中心とする文章にそのまま当てはめて、六つの語順を並べてみる。

①Aが私がふるえるほど大嫌いなBを私の親友のCに紹介した。
②Aが私の親友のCに私がふるえるほど大嫌いなBを紹介した。
③私がふるえるほど大嫌いなBをAが私の親友のCに紹介した。
④私がふるえるほど大嫌いなBを私の親友のCにAが紹介した。
⑤私の親友のCにAが私がふるえるほど大嫌いなBを紹介した。
⑥私の親友のCに私がふるえるほど大嫌いなBをAが紹介した。

右の中で、どれが最も自然で、したがってわかりやすい文章だろうか。一読してわかるように、それは④である。反対に、不自然でわかりにくい文章はどれか。たぶん①②⑤などであろう。こうした違いはどこからくるのだろうか。念のためにもうひとつ別の例をあげてみる。これは阪倉篤義氏がその著書『日本文法の話』で出している文例だ。

㈠初夏の雨がもえる若葉に豊かな潤《うるお》いを与えた。

これもガ・ヲ・ニの三つの格助詞を使って述語「与えた」を補足している。語順をいろいろに変えてみよう。

㈡初夏の雨が豊かな潤いをもえる若葉に与えた。
㈢もえる若葉に初夏の雨が豊かな潤いを与えた。
㈣もえる若葉に豊かな潤いを初夏の雨が与えた。
㈤豊かな潤いを初夏の雨がもえる若葉に与えた。
㈥豊かな潤いをもえる若葉に初夏の雨が与えた。

もちろん多少の差は感じようが、決定的にどれがわかりやすいと決めることはできない。ところが、この中の「初夏の雨が」から「初夏の」を除いて、単に「雨が」とし、語順を比べると次のようになる。

①雨がもえる若葉に豊かな潤いを与えた。
②雨が豊かな潤いをもえる若葉に与えた。

③もえる若葉に雨が豊かな潤いを与えた。
④もえる若葉に豊かな潤いを雨が与えた。
⑤豊かな潤いを雨がもえる若葉に与えた。
⑥豊かな潤いをもえる若葉に雨が与えた。

さて、どれが最も自然で読みやすいだろうか。もはや「多少の差」とはいえず、読みやすさ・わかりやすさに「かなりの差」を認めざるをえないだろう。①だと「雨がもえる……」となって、一瞬「もえる」は「雨」を受けるかのような感じを受けなくもない。これが雨だからいいものの、たとえば「太陽」だったらますますそうなるだろう。そうした誤解を一瞬たりとも与えずに、読む順に自然に理解できるものは、④か⑥である。この二者で優劣を決めれば④であろう。しかしこの④と⑥の差は、さきの「初夏の雨が」の比較の場合の㈣と㈥の差と同じことである。したがってこれは、「初夏の」を除いた結果とは関係がない。

次に、こんどは「もえる若葉」の「もえる」を除外して、語順を比べてみる。

①初夏の雨が若葉に豊かな潤いを与えた。

②初夏の雨が豊かな潤いを若葉に与えた。
③若葉に初夏の雨が豊かな潤いを与えた。
④若葉に豊かな潤いを初夏の雨が与えた。
⑤豊かな潤いを初夏の雨が若葉に与えた。
⑥豊かな潤いを若葉に初夏の雨が与えた。

こんどはどうか。さきに最も自然だった④が、明らかに変調子となったことが理解できよう。自然に読めるのは②と⑤であり、さらに加えるとすれば①である。ではもうひとつ、「豊かな潤いを」から「豊かな」を除いてみる。

①初夏の雨がもえる若葉に潤いを与えた。
②初夏の雨が潤いをもえる若葉に与えた。
③もえる若葉に初夏の雨が潤いを与えた。
④もえる若葉に潤いを初夏の雨が与えた。
⑤潤いを初夏の雨がもえる若葉に与えた。
⑥潤いをもえる若葉に初夏の雨が与えた。

決定的に悪いのは⑤と⑥、良いのは①と③である。ほかに②でも抵抗は少ない。

以上、かなりくどく実例をあげてきたが、こうした実験から何がいえるのかを引きだしてみよう。これまでにあげてきた実例について、述語に対する修飾関係を、例によって構造式風に示すと次のようになる。

〔第一例〕

Aが↙
Bを↓紹介した。
Cに↗

〔第二例〕

Aが↙
私がふるえるほど大嫌いなBを↓紹介した。
私の親友のCに↘

〔第三例〕

初夏の雨が↙
もえる若葉に↓与えた。
豊かな潤いを↘

〔第四例〕

雨が↙
もえる若葉に↓与えた。
豊かな潤いを↘

〔第五例〕

初夏の雨が　↙
若葉に　　　↓与えた。
豊かな潤いを↘

〔第六例〕

初夏の雨が　↙
もえる若葉に↓与えた。
潤いを　　　↘

こうしておいて、これらの中で「自然で読みやすかった語順」を改めて拾ってみると、次の通りである。

〔第二例〕
私がふるえるほど大嫌いなBを
私の親友のCに
Aが　　（紹介した）

〔第四例〕
もえる若葉に
豊かな潤いを
雨が　　（与えた）

〔第五例〕
初夏の雨が
豊かな潤いを
若葉に　　（与えた）

〔第六例〕
初夏の雨が
もえる若葉に
潤いを　　（与えた）

第一例と第三例は、さきに述べたように、語順をどう変更しても大差はない。となると、こうして「良い語順」を並べた結果、共通している要因として、次のような原則があることがわかる。

❷長い修飾語は前に、短い修飾語は後《あと》に。

もちろん、それぞれのケースによって他のさまざまな要因もからんでくる。しかしこの原則は、物理的な単なる「長さ」だけの問題であるにもかかわらず、文のわかりやすさ・自然さを決めるための最も重要な基礎をなすものといえよう〔注1〕。新聞社に就職して最初校閲部にいたころ、記事をわかりやすくするためゲラ刷りで順序を入れかえているうちにこのことに経験的に気付いたけれども、すでにこれは原則とされていることを私が最初に教えられたのは、やはり北海道でのかけだし記者のころ読んだ岩淵悦太郎氏編著による『悪文』という本だった。奥田靖雄著『正しい日本文の書き方』からの引用としてかんたんに紹介されているが、私には現場への応用実践としてたいへん有益だった。この第三章はこうした背景を発展させたものといってもよい。

そこで先の「ライトを消して……」の例をもう一度検討してみる。長い修飾語の順だ

と、

ライトを消して
止まらずに
速く（走る）

となって、これが最も自然で、誤解をうけることの少ない語順である。「止まらずに」を先にすると、原則にはずれるから変調子になる（157ページに注）。

かくて、語順には第二の原則があることが理解できた。これらの原則は決して、よくある「主語と述語を近くすべし」といった文章論と同じものではない。たとえば「修飾する側とされる側の距離を近くせよ」という表現であれば、前章で明らかにされたように、正しい関係を論じたことになろう。問題の本質は、いわゆる「主語・述語」関係ではないのだ。たとえば次のような例で考えてみる。

Ⓐ明日はたぶん大雨になるのではないかと私は思った。
Ⓑ私は明日はたぶん大雨になるのではないかと思った。

右の二つでは、Ⓐの方がイライラしなくて読める。なるほどこの場合は、いわゆる「主語・述語」がⒶの方が近いからわかりやすいともいえよう。では、次の例はどうか。

ⓐ明日は雨だとこの地方の自然に長くなじんできた私は直感した。

ⓑこの地方の自然に長くなじんできた私は明日は雨だと直感した。

この二例では、明らかにⓑの方がわかりやすい。しかしいわゆる主述関係からすれば、ⓐの方がわかりやすくなければならぬはずである。これは実は当然であって、「主述関係」などというものは、日本語の作文を考えるとき、百害あって一利もないのである。これらの実例を支配する原則は、さきの「長い修飾語を前に」に相当する。

（明日はたぶん大雨になるのではないかと
（私は　　　　　　　　　　（思った）

つまり、どちらも「思った」という述語にかかる二つの修飾語のうち、「私は」は物

理的に単に短いから後にする方が良いにすぎない。同様に、

この地方の自然に長くなじんできた私は
明日は雨だと　（直感した）

の場合も、「……私は」が単に長いから前にする方がよいのである。

さて、「初夏の雨が……」の文例を検討中に保留しておいた件があった。それは次のような比較である。

Ⓐもえる若葉に豊かな潤いを初夏の雨が与えた。
Ⓑ豊かな潤いをもえる若葉に初夏の雨が与えた。
ⓐもえる若葉に豊かな潤いを雨が与えた。
ⓑ豊かな潤いをもえる若葉に雨が与えた。

さきにⓐとⓑとでは、ⓐの方が優ることがわかったが、それはⒶとⒷでも同様であっ

た。この原因は何であろうか。別の例で考えてみよう。

　太郎さんが↙
　薬指に　↓けがをした。
　ナイフで↘

　これは「けがをした」という述語に、たいして長短の差のない三つの修飾語がかかっている。明らかに自然な語順は、

　太郎さんがナイフで薬指にけがをした。
　太郎さんが薬指にナイフでけがをした。

の二つであって、反対の悪い例は次の四つだろう。

　ナイフで薬指に太郎さんがけがをした。
　薬指にナイフで太郎さんがけがをした。

ナイフで太郎さんが薬指にけがをした。
薬指に太郎さんがナイフでけがをした。

こんな例はどうだろうか。

日本列島の上空に↙
花子の放った風船が↓消えていった。
小さな点となって↘

明らかにまずい順序は、「小さな点となって」を先にする場合だ。

小さな点となって日本列島の上空に花子の放った風船が消えていった。

しかし、これとても「小さな点となって」を長くし、他を短くして「長い修飾語は前に」の原則に当てはめてみると、

上空に↙
花子の風船が↓消えていった。
針の先のような小さな点となって↘

となり、「針の先のような小さな点となって」を冒頭に置いてもよくなる。したがってあくまで長短に大差ないもの同士としてこれまでの例から考えてみると、まず、

Aが↙
Bを↓紹介した。
Cに↘

このＡＢＣ三者は、重要性やら状況やらが平等であり、対等である。ところが、

初夏の雨が↙
もえる若葉に↓与えた。
豊かな潤いを↘

となると、長短問題や格助詞の点からは三者平等だが、内容の意味するところが平等ではない。たとえば「初夏の雨」が全体の中で占める意味は最も重く、大きな状況をとらえている。しかし「豊かな潤い」は、「初夏の雨」という状況の中での小さな状況であり、「もえる若葉」のさまざまなありようの中の、ひとつのあらわれ方にすぎない。

そこで――

❸大状況から小状況へ、重大なものから重大でないものへ。

という第三の原則があることに気付く。だからこの場合の最良の語順は、

初夏の雨がもえる若葉に豊かな潤いを与えた。

であり、最悪の語順は、

豊かな潤いをもえる若葉に初夏の雨が与えた。

となろう。もう一つの例でも、「けがをした」という大黒柱にかかる三つの言葉の中で、大状況あるいは重要なのは「太郎さん」であって、決してナイフではない。また「小さな点となって」も「日本列島の上空」より小状況であり、重要でないことはもちろんであろう。

それでは、修飾の順序が悪い実例をあげて、以上に述べた三つの原則の適用による改良を試みてみる。

チリ美人は、アルゼンチンの肉をたっぷり食べているセニョリータにくらべると、ぐっと小柄である。(『女ばかり南米大陸をゆく』読売新聞社)

右の「アルゼンチンの」という修飾語は、これだと「肉」にかかるとみるのが自然な読み方である。しかし事実は次のような関係にあるのだ。

チリ美人は、
アルゼンチンの↙セニョリータにくらべると、↓小柄である。
肉をたっぷり食べている↘
ぐっと

とすれば、原則の適用によって次のように改良するのが最も自然であろう。

肉をたっぷり食べているアルゼンチンのセニョリータにくらべると、チリ美人はぐっと小柄である。

もうひとつ別の実例。

ポルトガルとのあいだに休戦協定がむすばれ、MPLA指導部の第一陣として一九七四年の暮れに、解放闘争初期からの指導者の一人ルシオ・ララにひきいられた代表団がルアンダの空港についたとき、五万人からなるアフリカ人の群衆が空港をと

りかこみ、ララ同志をかついでルアンダの中心へむかった。（『アンゴラ解放戦争』岩波新書）

この中で悪文は「ＭＰＬＡ指導部の……空港についたとき」の部分である。これは「ついた」という述語を次の四つが修飾している。

㋑ＭＰＬＡ指導部の第一陣として
㋺一九七四年の暮れに、
㋩解放闘争初期からの指導者の一人ルシオ・ララにひきいられた代表団が
㋥ルアンダの空港に
→ついた

これは原則の❶と❷から考えると、順序は㋩㋑㋺㋥だから次のようになる。

解放闘争初期からの指導者の一人ルシオ・ララにひきいられた代表団がＭＰＬＡ指導部の第一陣として一九七四年の暮れに、ルアンダの空港についたとき、

このままでもよいが、もし原則の❸によって㋺を最初にもってきたいのであれば、次のようにして読点をうてばよい。読点の理由は次の第四章で述べる。

一九七四年の暮れに、解放闘争初期からの指導者の一人ルシオ・ララにひきいられた代表団がMPLA指導部の第一陣としてルアンダの空港についたとき、

しかし、休戦協定と第一陣到着とは時間的にどちらも「一九七四年の暮れ」としてまとめられるものであるから、この㋺は文全体の最初にもってきて「一九七四年の暮れにポルトガルとのあいだで休戦協定が……」とする方がより良いだろう。

さて、これまで述べてきたことは、言ってみれば〝物理的〟な問題であった。しかし最後にとりあげなければならないのは、むしろ心理的な問題に属することである。以下、実例に即して考えてみよう。さきに次のような阪倉氏の文例を挙げた。

初夏の雨がもえる若葉に豊かな潤いを与えた。

この中の「もえる」という言葉の親和度、つまりなじみの強弱を検討するために、この文例を次のように変形する。

初夏のみどりがもえる夕日に照り映えた。

これは梅棹忠夫氏と話していたときに、梅棹氏が即興的に変形してみた文例だが、これまで述べてきた三つの原則からこれを考えると――

初夏のみどりが ↘
　　　　　　　　照り映えた。
もえる夕日に ↗

つまり❶句や連文節から言っても関係ないし、❷長い順からすれば同じくらいだし、❸状況の大小としても大差はない。そうするとどちらが先でもいいようなことになるけれども、ここで問題になるのは「みどりがもえる」の「みどり」という言葉と、「もえる夕日」の「もえる」との親和性だ。なじみが強すぎる。だから読みながしてゆくと、つい「みどりがもえる」と誤読する瞬間が出てくるのである。しかしすぐあとに「夕日」があるから、ああ「もえる」は「夕日」の方にかかるのかと気付く。要するに「わかりにくい」文章になるわけだ。これを逆にして――

もえる夕日に初夏のみどりが照り映えた。

とすれば、誤読のおきる余地はない。これは実は私たち記者が原稿を書いていて常にやっていることなのである。「あ、こうやったらここが誤解されるかな」と思って順序をひっくり返したり、別の言葉に入れかえたりをいつもやっている。

それではもう一つの実例として、さらに高度な（？）場合を考えてみよう。まずさきの原形の文例をまた見ていただきたい。

初夏の雨がもえる若葉に豊かな潤いを与えた。

これについて、林暢夫氏はおよそ次のように指摘された〔注2〕。つまり「与えた」という言葉は、けっして何にでもつく言葉ではないというのである。たとえば――

黒板が白墨を与えた。

というようなことは、文法的には可能だけれど、実際はありえない。だいたい「与えた」という言葉が成り立つのは、「人間」（または動物）が「物」を「与えた」ようなときにほぼ限られる。反対に「物が人を与えた」ということは、文法的には可能だけれども、普通はないことだと。そうすると「与えた」という言葉が相手として選び得る言葉は、案外せまいものになってくる。いろんな言葉が論理的には可能だけれども、実際にはそんなに何でも選べるわけではない。「与えた」にくっつく言葉とは、たくさんある言葉の中で案外少ししかない。「雨が潤いを与えた」という言い方は日本語として不自然な表現である。「物」が「物」を与えている。翻訳調だ。この場合「与えた」なんて言葉を使わない方がいいのではないかということを林暢夫氏は主張しているのだ。

　これは重要な指摘だと私も思う。ここで「与えた」が問題とされたようなことは、実は他のすべての言葉にも言えるのではないか。要するに、日本語に限らず、あらゆる言語のあらゆる単語には、それぞれ独特の親和度（なじみの範囲、接合関係）があるのだ。それを無視すると「ヘンな文章」や「ヘンな会話」になってしまう。たとえば「若葉」という単語の親和度を考えてみよう。「もえる」や「みどり」とはどうだろうか。――

もえる若葉
みどりの若葉

どちらも強い親和度がある。しかし、もし二つのどちらがより一層強いかというと、「若葉」に密着するのは「みどり」であろう。言ってみれば、両者の「親和領域」がより大きく重なっている。図にあらわすと次のようになる。

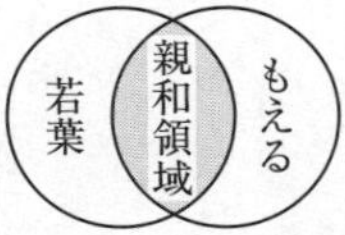

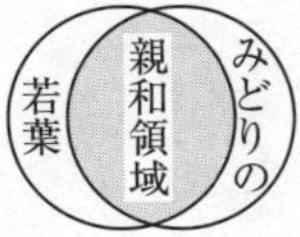

ところが一方では「もえる」と「みどり」の両者にもかなり強い親和領域がある。したがって三つの単語を一緒につなぐと三重の親和領域ができて、これではどれがどちらに付くのかわかりにくくなってしまう。

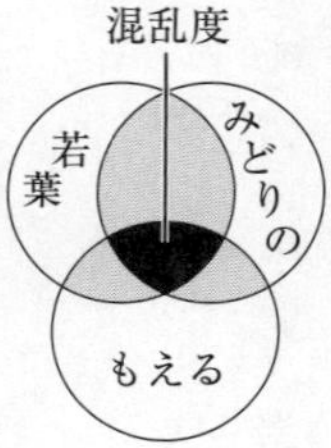

つまり三重の領域――「混乱度」とでも言えようか、これが広いほど混乱もひどくなる。ところが、「若葉」に対してたとえば「三角の」という言葉をもってくると、「三角の若葉」というものも論理的には可能だけれども実際にはなじみにくい。それでも若葉となれば四角や三角や円形やいろんな形があるから、少しはあるかもしれない。不可能ではない。少なくとも接点はある。――

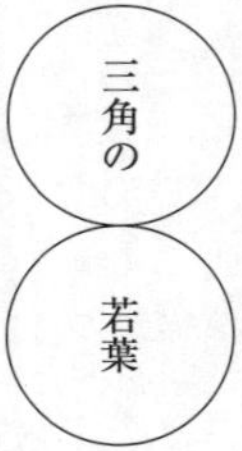

しかしもっと極端にして、たとえば「バカな」という単語を考えてみよう。すると「バカな若葉」というふうにはいえないので、どう考えても重なる領域がなくなってしまう。——

しかし「バカな」がたとえば「男」に対してであれば、とたんに親和領域が広くなる。「もえる」も「男」に対しては同様だが、「みどりの」は無理になる。（みどりの服の、といった別の意味なら可能だが。）——

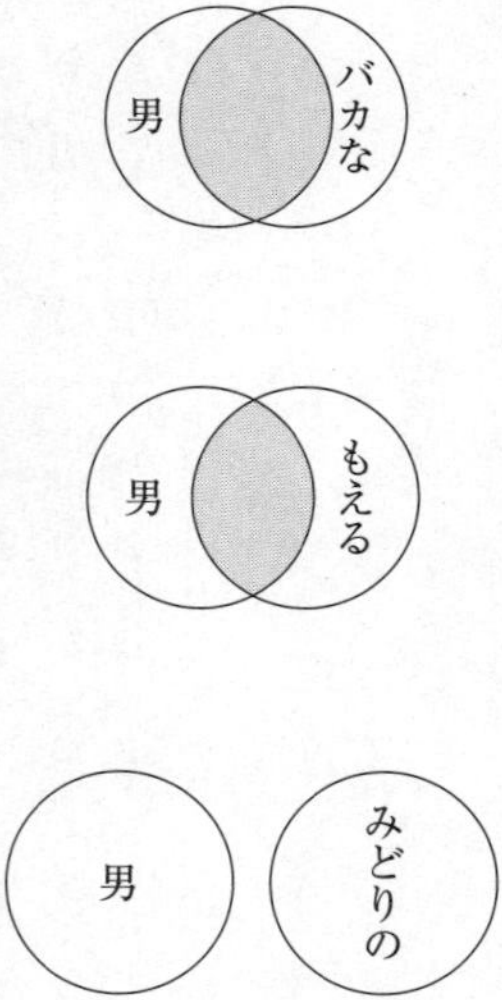

と、このようなことが「親和度」の問題である。これを文章の流れの中で順序として考えるとき、電池の並べ方にたとえることもできよう。電池を懐中電灯の中に入れるとき、たとえば三個を直列に並べると、明るさは三倍になるが消耗は一個と同じだ。しかし三個を並列に並べると、明るさは一個と同じでも三倍も長もちする。同様に、単語が直列的にかかってゆくときは親和度の強さに従うとして、並列的にかかるときは親和度が強いほど引き離す。近づけない。親和度を磁場と見てもいい。たとえば——

初夏のみどりに↓もえる若葉が↓全山を包む。

これは直列的だが、次のように並列的にかかる場合は親和度の強い単語（「みどり」と「もえる」）を遠ざける。

　初夏のみどりが↘
　もえる夕日に　↗照り映えた。

つまり「もえる……」の方を次のように先にするという前述の結論となる。

　もえる夕日に初夏のみどりが照り映えた。

そして「与える」という言葉は、これにつながるべき他の言葉――「雨」「若葉」「潤い」との間に強い親和関係がなければならないのに、これでは「翻訳調」でなじみが弱くなる。しかし「照り映えた」であれば「夕日」や「みどり」との間の親和度はかなり強いから、日本語としてのすわりもよろしい。

すなわち、第四の原則として――

❹親和度（なじみ）の強弱による配置転換。

という問題が明らかになった。ただし、たとえばこの例でいうと「もえる若葉」――これは一種の慣用句に近い。このことは、手垢のついた紋切型を使えということではない。「もえる若葉」という表現が初めて使われたときは新鮮だったかもしれないが、もはや一種の慣用句に近づいている。だから詩人は慣用句的な使い方を避けたがって、たとえば若葉なんかもえてないんだ、あれは叫んでいるんだとして「叫ぶ若葉」というような表現を使い、そこに新鮮な独自の言葉が生まれる。だから決して「慣用句を使え」という意味にはとらないでいただきたい。

この章の検討結果を要約しよう。修飾語の語順には四つの原則があり、重要な順に並べるとそれは次の通りである。

❶節を先に、句をあとに。
❷長い修飾語ほど先に、短いほどあとに。
❸大状況・重要内容ほど先に。

❹親和度（なじみ）の強弱による配置転換。

この四つの原則のうち、とくに重要なのは最初の❶と❷の二つで、この二つの重要性はほとんど同等の比重とみてよい。❶と❷のどちらを優先するかは、その文の情況で判断する。

〔注1〕66ページ　佐伯哲夫氏の『現代日本語の語順』は「ながい補語はなぜみじかい補語のまえにくるのであろうか」として次の二点を理由に挙げている。

(イ)ながい補語、とくにそれが動詞をおおくふくむばあい、それがあとにまわると、かかり・うけの関係がまぎらわしくなる。それをふせごうという意識がかきてにはたらくため。

(ロ)接続語以外のかかり成分は、それがながくなるにつれて性格的に接続語にちかづく。自然にしたがおうという意識がかきてにはたらくため。

また同書は、語順の推計学的調査の結果として宮島達夫氏の報告を次のように引用している。

宮島達夫は「助詞・助動詞の用法」（『現代雑誌九十種の用語用字㈢分析』昭三九）で次のように述べた。

構文論的なはたらき以外に語順に影響する条件、当面の目的にとっていわば不純な条件としては、つぎの三つをみとめた。
(1)かかりの長さがちがうこと。(長いものほど前になりがち) 長さの計算は文節の数による。
(2)前をうける指示語をふくむこと。(これをふくむものほど前になりがち) 場面に関係する指示語は別。
(3)係助詞をふくむこと。(これをふくむものほど前になりがち)

これらの条件は、語順が構文論的な条件によって規定される度合が少ないばあいほど、つよくはたらくものと思われる。かかりの長さがひびいている例として、「を(対象)」と「へ(空間的到達点)」とのばあいをあげよう。総計では、「を」が前のもの二五、「へ」が前のもの二三であるが、この中から長さのちがうものだけをしらべると、〔25.1〕のようになる。ここから、危険率〇・一%以下で、長いものが前にくる傾向がある、といえる。(原文横書き)

表〔25.1〕の引用はしないが、ともかく宮島のこの推計学的操作の結果から(1)の、文節数でかぞえて長いかかり成分の方が前にくるという現象は広く一般に生起するものであることが類推されるのである。

〔注2〕 79ページ 林暢夫氏の指摘について、くわしくは本多勝一『貧困なる精神・第7集』(すずさわ書店)収録の「『日本語の作文技術』をめぐって」を参照。

第四章　句読点のうちかた

1　マル（句点）そのほかの記号

、（テン）や。（マル）や「」（カギ）のような符号は、わかりやすい文章を書く上でたいへん重要な役割を占めている。とくにこの場合、論理的に正確な文章という意味でのわかりやすさと深い関係をもつ。第二章のような「修飾する側とされる側」といった問題は、仮りに「不自然な」「読みにくい」「わかりにくい」ことはあっても、決定的に別の意味になったり、正反対の意味になったりすることは、まあ少ないだろう。極端にわかりにくい実例として先にあげた大江健三郎氏の文章にしても、よくよくたどってみれば論理的に判読不能ということはない。

だが、たとえば永野賢氏が挙げた次のような例だとどうだろうか（日本放送協会編『ことばの研究室Ⅳ・正しい表現』〈一九五四年〉の「文脈の誤り」から）。

渡辺刑事は血まみれになって逃げ出した賊を追いかけた。

これだと血まみれになったのが渡辺刑事なのか賊なのかわからない。ところが、もし賊が血まみれになっているとき、次のようにテンをうったらどうなるか。

渡辺刑事は血まみれになって、逃げ出した賊を追いかけた。

これでは事実と正反対に、刑事が血まみれになってしまう。となると、テンがなければ「どちらかわからない」ですんだのに、このテンによって正反対となり、一層悪くなる。もしテンのうち方だけで改良するなら、いうまでもなく次の方法であろう。

渡辺刑事は、血まみれになって逃げ出した賊を追いかけた。

ついでながら実はこの文も、前章の「長い方を先に」および「節を先、句をあと」の原則に従って「渡辺刑事は」をあとにすることにより、テンがなくても誤解はなくなるのだ。

血まみれになって逃げ出した賊を↘追いかけた。
渡辺刑事は↗

文章の中に現れる符号には、主として次のようなものがある。

。　マル・丸・句点・終止符
、　テン・点・句切り点・読点・コンマ
・　ナカテン・中点・中黒・ナカポツ
（　マルカッコ・パーレン
「　カギカッコ
『　二重カギカッコ
〃　ヒゲカッコ・チョンチョンカッコ
（以上四つは二個で一対）
？　疑問符

！　感嘆符
＝　イコール
‐　ハイフン
゠　二重ハイフン
……　点線・リーダー
、、、　傍点・ゴマ
――　中線・長棒

そのほかカッコの類として〈　〉とか《　》〔　〕などもある。

カッコの用法については特別な問題はないと思うが、カギカッコ（「　」）を引用文に対して使うときの厳密性についてだけ一言強調しておきたい。

かつて「職業としての新聞記者」という小論を書いた中に次のような文があった。

　私たちは、どのような動機で新聞記者という職業を選ぶのでしょうか。「隗《かい》より始め」る意味で自分自身のことを考えてみますと、……（本多勝一『事実とは何か』未来社）

これを読んだある記者が「これは『よ』が抜けているじゃないか、『隗より始めよ』という燕の郭隗の故事なんだから」という。これはどうも困った指摘だ。だからこそ「始め」までカギカッコにして「る」は引用ではないことを示したのだが、通じないのだろうか。もし〈「……始める」意味で……〉として「る」までもカギの中に入れると、もとの故事としての「……始めよ」からの正確な引用ではなくなる。引用はあくまで原文のまま示さなければならない。引用部分と自分の文章とは明確にけじめをつけないと、他人の意見や報告をねじまげてしまい、ときにはとんだ迷惑をかけることになる。そしてカギの中は、あくまで忠実に原文に従わなければならない。極論すれば、用字の誤りまでもそのまま使うべきであろう。これは同時に、自分の文章に対して責任をもつことでもある。

かつてある〝進歩的〟ジャーナリストが、私のルポルタージュ『戦場の村』に「サイゴンの民衆はうそをつくから、外国人にはほんとうのことがよくわからない」という言葉があったと書いて非難したことがある。しかもカギカッコつきで引用した（前出『事実とは何か』）。ところが私のルポには、ここに引用されたような言葉は全く出てこない。しかし「ベトナム式ウソ」の文化論的性質については書かれている。そしてそれは「だが、これは『ウソ』というようなものとは次元が違う」のであった。その後の度重なる取材でもこれはよく経験している。本質的問題ではない。このように不正確な〝引用〟をされると、された側は大変な迷惑をこうむる。これは引用ではなくてフレームアップ（でっちあげ）であろう。もし原文を読んでそのように解釈したというのであれば、それは自分の解釈としてはっきりけじめをつけなければならない。決してカギカッコで引用する形式をとってはならない。カギをとった上で「……というような意味のことを……」とか、「私には……という意味にうけとれた」といった表現にすべきである。

このことは、インタビューなどでの発言を文章にするときも同様であろう。カギで示す部分は、厳密に当人の語った通りでなければならない。カギにした上で妙な手を加えることは、当人への人権侵害や侮辱であるだけでなく、筆者がいかに無責任な人間かを暴露するものでもあろう。

なお、さきに「〝進歩的〟ジャーナリスト」とか「このように不正確な〝引用〟をされると……」と書いたときに〝進歩的〟や〝引用〟のところでヒゲカッコ（チョンチョンカッコ）を使った。ヒゲカッコはこのように「本当はそうではない」ときとか、「いわゆる」つきのときに使われる。また自分たちでは使わないけれども相手側が使う言葉をそのまま使う場合にはカギカッコに入れる。たとえば日本共産党が「韓国」としていた（本書初版当時）のは、同党としてはあれは南朝鮮だからだった。反対に韓国では北朝鮮（朝鮮民主主義人民共和国）を「北韓」と呼んだ。

次にナカテン（・）については、最もよく使われているのは外国語の固有名詞であろう。「カール・マルクス」とか「ニューヨーク・タイムズ」とか。しかしこの符号はあとで述べるテン（読点）と区別する上でも、たとえば並列や同格の語のあいだにどんどん使うほうが論理としてわかりやすいだろう。たとえば――

報道は、いつ・どこで・誰が（何が）・どのようにして・なぜ起きたかを書くのが常識とされている。

戦争犯罪人・岸信介を総理大臣に選んだかなしき日本。

これは構文上の論理としてのナカテンの用法である。しかし「ニューヨーク・タイムズ」のような用法は、構文よりも文字の次元としてのナカテンであろう。できれば両者は区別する方がよいかもしれない。でないと、たとえばカタカナの固有名詞などをナカテンで列挙するとき次のようになってしまう。

カール・マルクス・アダム・スミス・チャールズ・R・ダーウィンの三人が……
ニューヨーク・タイムズ・ル・モンド・ワシントン・ポストの三紙が……

これでは境界がわからない。列挙や同格のときはふつうテン（読点）を使って――

カール・マルクス、アダム・スミス、チャールズ・R・ダーウィンの三人が……
戦争犯罪人、岸信介を総理大臣に……

などと書くことが多いが、テンをこのように使うと、構文上の重要なテンの役割を侵害することがある。だからナカテンが可能なときは、私はテンを避けることにしている。しかし列挙（並列）でも修飾語がついたりすればテンでなければまずいが、これは当然であろう。――

『資本論』を書いたカール・マルクス、『国富論』を書いたアダム・スミス、『種の起源』を書いたチャールズ・R・ダーウィンの三人が……

それではカタカナの固有名詞を列挙するときにはどうするか。よく教科書が使っていた方法に二重ハイフンがある。――

カール＝マルクス・アダム＝スミス・チャールズ＝R＝ダーウィンの三人が……

ニューヨーク＝タイムズ・ル＝モンド・ワシントン＝ポストの三紙が……

最近これはあまり使われなくなっているが、私はこの方法をとることにしている。

*

符号の中で作文上とくに重要なのはマルとテンであろう。しかしマルについては、用法に困難な問題は少ない。要するに文が終わったら必ずマルをつけること。それだけである。ところがそれだけのことが案外実行されていない。**句読点は字と同じか、それ以上に重要**ということが、よく認識されていないのであろう。字をぬかす人はめったにいない。たとえば――

渡辺刑事が賊を追いけた。

と書くと「か」が抜けているが、こんな文を書いて平気でいる人はめったにない。だが――

渡辺刑事が賊を追いかけた

と書いて平気な人は意外と多いだろう。マルが抜けている。しかしこれは「か」を抜く以上に重大な欠陥とみなければならない。文章ではないと極論することもできる。この場合はポツリとこの文章だけ出したから問題は起こらないが、次の例はどうか。

渡辺刑事が賊を追いかけた車が三台並んでいた道路はせまかった

何のことかわけがわからぬが、もし強引に解釈するなら、「刑事が泥棒を追いかけるのに車を使っていて、それが三台も並んでおり、その並んでいる道はせまかった」ということになるだろう。マルを入れると、次のような文章になる。

渡辺刑事が賊を追いかけた。車が三台並んでいた。道路はせまかった。

マルは、手紙でもメモでも、文の終わりには必ずうつ習慣にしておきたい。文章が活字になるときなど、植字工に原稿のまま拾われると、とんでもない間違いのもとになったりする。

ところが、これと正反対に、マルがあるべきでないところへ植字工が誤ってマルを加え、校正者も編集者も気付かぬまま公刊されることがかなりある。この場合は「誤って」とはいえ単純な機械的ミスではない。私自身ときどきその被害をうけている。かつて月刊誌に書いた「『買いだめ』する側の論理」という小論で、次のように二カ所にわたってこの種の誤りがあった。

〈その一〉　さきに述べたように、庶民はモウケるためにモノで持つ。「買い占め」ではない。

〈その二〉　そんな原理など論理的には知るよしもない。母は七十余年の生涯の「知恵」のひとつとして、この「貯金するバカ」を肌で知っていたとも言え

よう。（『潮』一九七四年二月号）

右の二例とも原稿はひとつの文章であって、このように中間にマルなどはいっていない。だから〈その一〉は「……モノで持つ〝買い占め〟ではない。」であって、「モノで持つ」は「買い占め」にかかる修飾語なのに、これでは正反対の「庶民はモウケるためにモノで持つ」という意味になり、庶民が資本家と同じことをしていることになってしまう。（しかし、つづいて「買い占めではない」とくると、またまた意味がひっくりかえるから、精密に読んでいる読者は「この筆者はバカじゃなかろうか」と思うはずだ。）同様に〈その二〉も「……知るよしもない母は、七十余年……」であって、「知るよしもない」は「母」にかかるのだ。これではまるで私が知るよしもないことになってしまう。これが単純な機械的ミスであれば、たとえば「……モウケるた。めにモノで……」といった場合なら、読者もすぐにミスとわかる。そうではなくて、連体形として体言にかかる活用語尾が、たまたま終止形と同じために、植字工がついマルを入れて、文章を終わりにしてしまったのだ。こうなると、読者にもミスとわかる人が少なくなり、筆者がおかしいんじゃないかと思われたりする。校正がしっかりしていれば、こういう馬鹿な誤りは読んでいて論理的に気付くはずである。

マルはこのように重要だが、ときには普通ならマルにするところをテンですませ、それはそれでひとつの魅力的文体として確立させている人もいる。野坂昭如氏などはその例であろう。――

　ひどい下痢がつづいて、駅の便所を往復し、一度しゃがむと立ち上るにも脚がよろめき、把手のもげたドアに体押しつけるようにして立ち、歩くには片手で壁をたよる、こうなると風船のしぼむようなもので、やがて……（『火垂るの墓』から）

右の中で「……片手で壁をたよる」のあとのテンは、ふつうであればマルとするところである。しかし野坂氏の文体からすれば、ここはテンの方がよい――というより、ほとんどテンでなければならないだろう。とはいうものの、普通の「わかりやすい文章」を書こうとする人は、これはまねをしない方がいいと思う。反対に、普通ならテンにするところをマルにする人もいる。――

　この錯覚がもとになって、日本文の構造がまるでわけのわからぬものになっているのである。という指摘に対して温存派の人々の反省ないし反論を希望する。（三

上章『続・現代語法序説』一三ページ）

この「……いるのである」のあとのマルは、普通ならテンか長棒あるいは何もなしにつづけるところであろう。三上氏の文章にはこの様式がよく目につく。これも趣味の問題だが、一般的にはまねをしない方がよい。

2　テン（読点）の統辞論

さて、符号の中でも決定的に重要で、かつ用法についても論ずべき問題が多いのはテンの場合である。この章ではしたがってテンの用法に最も重点を置く。九〇ページの「渡辺刑事は血まみれになって……」という例文で、誤ったテンのうち方を紹介した。これなどは例として極端だと思う人があるかもしれない。だが実は、まずいテンの用法として最も避けねばならぬこの種の例など私たちのまわりにいくらでもみられる。たとえば新聞のコラムから——

……働きざかりと思われる年齢の人の急死が報じられるのをみると、ついいろいろと考えさせられる。病名が心筋梗そくだと元気にまかせて、過労をかさねたのではないかと思い、ガンだと、どうして早期発見できなかったのかと気にかかる。（『朝日新聞』一九七四年九月三〇日夕刊・文化面「日記から」）

前ページの「元気にまかせて」のあとのテンはやめて、その前（「心筋梗そくだと」のあと）に移せばよい。これは「移す方がいい」のではなく、「移さなければならぬ」のだ。テンの位置は、ある日本語論の本がいうような「たぶんに語調という気分的なものに左右されて」いるのではない。たしかにそういう文章も多いが、それはその文の筆者がまちがっているのであって、日本語のテンのうち方にも大きな原則がある。この例文で考えてみよう。

「病名が……」以下の文章には二つの述語があり、それらにかかる修飾語の関係は次のようになっている。

病名が心筋梗そくだと
元気にまかせて過労をかさねたのではないかと↘↙思い、
（病名が）ガンだと
どうして早期発見できなかったのかと↘↙気にかかる。

つまり、それぞれの述語に二つずつ修飾語がついている。こういうときは、二つの修飾語と修飾語の間にテンをうてば論理がハッキリしてわかりやすくなる。三つの修飾語なら、その境界にテンは二つになる。たとえば――

病名が心筋梗そくだと
自分自身そんな生活をしながらも ↙
元気にまかせて過労を重ねたのではないかと↘ ↓思う。

これにテンをうつときは、次のようにそれぞれの修飾語が切れるところへ置けばよい。

病名が心筋梗そくだと、自分自身そんな生活をしながらも、元気にまかせて過労を重ねたのではないかと思う。

以上の検討によって、「**長い修飾語が二つ以上あるとき、その境界にテンをうつ**」（略して「**長い修飾語**」）という第一の原則がまず確認された。

こういうことをいうと、なんだか構造式を書きながらでなければテンもうてないかのように思われるかもしれないが、そんな必要は全くない。自分で書いた文章を読みなおしてみて、変だと思ったときにだけ、こうした原則を参考にすればよいのである。次の例文でこの原則を応用してみよう。

　戦前からの業界の流れを知る幹部も、若手も今年の漁獲やかつての北洋について聞くと、うしろめたそうな顔になった。（『朝日新聞』一九七四年九月五日夕刊八ページ「サケ―われらが友」第九回）

この一文の述部「うしろめたそうな顔になった」には、次の三つの修飾語がかかっている。

戦前からの業界の流れを知る幹部も ↙
若手も ↓
今年の漁獲やかつての北洋について聞くと ↘
うしろめたそうな顔になった。

となると、これを原則に従って訂正すれば次のようになる。

　戦前からの業界の流れを知る幹部も、若手も、今年の漁獲やかつての北洋について聞くとうしろめたそうな顔になった。

　この場合、もし「幹部も」のあとのテンを省いて「……幹部も若手も、今年の……」とやると、若手もまた「戦前からの業界の流れ」を知っていることになってしまう。その場合は次のように二つの修飾語しか述語にかからぬことになる。

　戦前からの業界の流れを知る幹部も若手も↙
　今年の漁獲やかつての北洋について聞くと↘うしろめたそうな顔になった。

　これでは論理としておかしい。したがってこの文をより正確に直すなら、たとえば次のようにすればよい。

　戦前からの業界の流れを知る幹部も、昔のことは何も知らない若手も、今年の漁獲やかつての北洋について聞くとうしろめたそうな顔になった。

こうすることによって、のちに第九章で述べるリズムの上でも安定が得られる。

では、次の重要な原則をさぐってみよう。いま認めた原則があっても、修飾語が短かければテンは必要ない。たとえば前章の例でいうと――

AがBをCに紹介した。

これは三つの修飾語が「紹介した」にかかっているが、どこにもテンはいらない。もちろん「Aが、Bを、Cに紹介した」と書いても誤解はされないが、こういうことをしていると、他の重要なテンとの区別がつかなくなる。ということは、**重要でないテンはうつべきでない**ともいえるわけであり、これは原則といってもよいほど注意すべきことがらであろう。

この例文の変形として、次のような例があった。――

私がふるえるほど大嫌いなBを私の親友のCにAが紹介した。

このように、あの「長い順」の原則どおりの場合は、テンがなくてもそれほど問題はない。抵抗なく、誤解もなしに読める。しかし、短い「Aが」を冒頭において「逆順」にしてみると——

Aが私がふるえるほど大嫌いなBを私の親友のCに紹介した。

もちろんこれは〝反則〟だから読みにくい。だが、このとき「Aが」のあとにテンをうってみたらどうか。——

Aが、私がふるえるほど大嫌いなBを私の親友のCに紹介した。

これなら誤解の恐れや読みにくさは激減する。すなわち、**語順が逆順の場合にテンをうつ**（略して「**逆順**」）——という第二の原則をたてることができる。これはもうそこら一面にドカドカ見られる型の文章である。とくに短かい題目語「〇〇ハ」を冒頭におく文章は軒なみこれだと思ってよい。さきの例——

渡辺刑事は、血まみれになって逃げ出した賊を追いかけた。

これも「追いかけた」という述語にかかる二つの修飾語「渡辺刑事は」と「血まみれになって逃げ出した賊を」のうち、短い方を先に出した逆順文章だから、テンを入れなければならないのである。「渡辺刑事は」が後にあればテンは必要としない。しかし第一の原則（長い修飾語が二つ以上あるとき、その境界にテンをうつ）があるから、ここで次のようにテンをうってもよいだろう。

血まみれになって逃げ出した賊を、渡辺刑事は追いかけた。

なぜ「必要」ではないかというと、二つの修飾語といっても、ここでは後の「渡辺刑事は」が句ではなく、かつ長くないからである。

誤解・曲解を防ぐための、すなわち「わかりやすい文章」のための重要な大原則は以上の二つだが、その他のテンについても考えてみよう。

テンというものの基本的な意味は、思想の最小単位を示すものだと私は定義したい。

マルで切れる文章は、これらの最小単位を組みあわせた最初の「思想のまとまり」である。だから人体にたとえると、テンで切る部分を思想の細胞とすれば、マルで切る一文は組織の最小単位――たとえば筋とか血液とか毛とか脂肪に当たるともいえよう。これらの組織が集まって、次の単位としての小部分「段落」（パラグラフ）ができる。段落は指だの脛《すね》だの目玉だのに当たる。それらが集まって、さらに「章」（チャプター）という思想がまとまる。章は頭や胴体や腕のような、人体を構成する大きな部分だ。そして最後に、ひとつの論文なり報告なり文学作品なりの思想全体――人体ができる。

なぜテンが思想の最小単位か。たとえば「逆順」（修飾語順の反則）の場合も、この定義から一つの重要な意味を読みとることができる。すなわち、なぜ「逆順」にするかというと、筆者がそのものを多少なりと強調して提示したかったからなのだ。そこには「強調」という主観があらわされているのである。たとえば――

Aが、私がふるえるほど大嫌いなBを私の親友のCに紹介した。

ここでなぜ「Aが」を逆順にしてアタマに持ってきたかというと、筆者は「Aが」を強調したかったのだ。そうでなければ「Aが」という主格をアタマにする理由はない。

実はここのところが日本語のすぐれた性格なのだが、これについては第六章であらためて論ずる。

たとえばまた、次のテンは何を意味するか。

Ⓐしかし、彼女の恋ごころはそんなことで消えるものではなかった。

Ⓑだが、そうはゆかなかった。

例文の「しかし」も「だが」も、ひとつの接続詞にすぎない。ここで筆者がテンをうったのは、この接続詞の持つ反転の意味をとくに強調したかったからである。とくに強調したくないのであれば、「しかし彼女の……」「だがそうは……」とテンを省けばよい。

Ⓐ父は死んだ。

Ⓑ父は、死んだ。

右の二つの文章がどう違うかは、もはや明らかであろう。これがどのような状況の中に置かれるかによって、筆者はⒶかⒷかを使いわければよい。Ⓐはひとつの思想表現だが、Ⓑは二つの最小単位の思想をあらわしているのである。言いかえれば、前記の二大原則のテン以外は、**筆者の思想としての自由なテン**なのだ。

七七ページの例文で「一九七四年の暮れに」のあとにテンをうつ理由も、以上の検討によって明らかとなろう。つまりこれは、第三章「修飾の順序」の「語順の四大原則」で、❸「大状況を先に」を❷「長い方を先に」より優先した場合に、それが短い修飾語だと「逆順」と同じになるからテンをうつ必要が出てくるのだ。それは同時に「強調」としてのテンともなろう。

むやみやたらとテンを打ちたがる文章家がいる。福田清人氏の『文章教室』が、石井庄司監修『文章表現の技術』から引用しているある小説家の文章に、次のような例がある。

近くを、ひと廻りし、ひき返してくると、今度はその女一人、店の入口の、門柱の前に、ぽつんと立っていた。

また渡辺三男『日本語の表記と文章表現』は宇野浩二『うつりかはり』から次の例を引用している。

その晩、三人で、牛肉の鍋をかこんだ。さうして、道也は、ほとんど一人で、引きあげの仕事を『うそ』と、『まこと』を、おりまぜて、おもしろをかしく、はなした。その話しが、とぎれたとき、道也は、このやうな仕事は、そのうちに、やめて、『うち』を、もつつもりだ。「そのときは、をばさんも、一しよに、来てくれませんか、……そのときは、ぼくは、東京で、くらすつもりです、」と、いつた。

片っぱしから分かち書きみたいに強調すれば、テンの意味もなくなってしまう。こういう文章が長くつづいたら、読む方はさぞイライラしてくるだろう。これだと組織を作る各細胞が石垣の石のようにガッチリした機能を果たさず、したがって組織の力も弱くなる。新左翼の一部の理論家の文章はゴチックがやたらと多い。片端から強調したいのだろう。しかし全論文の三分の一もがゴチックで埋まっていたら、もはやゴチックの意味は消えてしまう。テンだらけにするのも同じことである。

正しい原則と正しい思想単位とで書かれた文章は、テンのところで息をつくようにして朗読してみると、聞いていてもたいへんわかりやすい。一種のリズムも持っている。(だから「読点」というのだろう。)名文といわれるものの多くはそのような文章である。

参考までに、私が学生のころ自分の文体に影響を受けた二人——井伏鱒二氏と梅棹忠夫氏の文章をあげてみよう。

山椒魚は悲しんだ。

彼は彼の棲家である岩屋から外へ出てみようとしたのであるが、頭が出口につかへて外に出ることができなかつたのである。今は最早、彼にとつては永遠の棲家である岩屋は、出入口のところがそんなに狭かつた。そして、ほの暗かつた。強ひて出て行かうとこころみると、彼の頭は出入口を塞ぐコロップの栓となるにすぎなくて、それはまる二年の間に彼の体が発育した証拠にこそはなつたが、彼を狼狽させ且つ悲しませるには十分であつたのだ。（井伏鱒二『山椒魚』筑摩書房版「現代日本文学全集41」）

六月四日の夕方、わたしたちはパキスタンとアフガニスタンの国境線に到着した。国境は、ひろびろとした大平原のまん中にあった。地平線から横なぐりにかッと照りつける夕日をあびて、われわれの二台の車は、のろのろとアフガニスタン領にすべりこんだ。すぐ看視所につく。わたしたちは旅券を見せる。（梅棹忠夫『モゴー

ル族探検記』岩波新書）

右は二つとも冒頭（書き出し）の文章である。これをテンとマルで切りながら朗読してみると、そのままで実にわかりやすく、自然で、したがって正確かつ論理的だ。私は自分で書くときも、むろん声には出さないが、頭の中で読みながらテンをうっている。右の二例を検討してみてもわかるように、テンは決して無駄なところにうたれていない。かならず理由のあるところ、それだけにうたれている。すなわち、テンのうち方について厳密な要求をするなら、前に原則として述べたように、必要なところ以外にはうつなと極論することもできよう。波多野完治氏の『文章心理学入門』は、同じことが西欧の文章についてもいえることを次のように書いている。

> 外国文でも（日本文のように）口調でコンマを打つことはある。しかしこの口調は「文章」においては、やはり統辞論の方から規定されているのである。単なる口調で打つことはいやがられる。そのような点（コンマ）は打たぬがよいとされているのである。外国文では一般にコンマのたくさんある文は、現代文としてすぐれたものではない。統辞論上、どうしても仕方のないところにだけ、文章法の上から切

るべきところにだけ、コンマを置くのである。

自分の文章について私自身反省してみると、無駄なテンがとくに多いとはいえないが、厳密な意味では不要と思われる例もときどき目につく。これからはもっと注意して減らしてゆきたい。

以上に述べてきたような原則の上で、打ってはならないところに打たれているテンの実例をあげておこう。そんな実例はいくらでもころがっているが、この部分はいま旅先のサイゴンで書いているので、たまたま手にしている雑誌から拾ってみた。

わたしをつかまえて来て、拷問にかけたときの連中の一人である、特高警察のミンが、大声でいった。（『世界』一九七五年六月号一〇五ページ）

右の一文にはテンが三カ所にうたれている。しかしこれまでに述べてきた統辞論からみると、すべて不必要なテンであろう。とくに二番目のテン（……一人である、特高……）は、不必要どころか決してうってはならぬテンである。なぜか。すでに読者にはおわかりの方が多いであろうが、解答の前に同じタイプの誤りをもう二つあげてみよう。この奇妙なテンがほとんど習慣化した人があるらしく、右の文章の筆者もその実例を各所で示している。たとえば――

サイゴンのプロテスタントの社会奉仕団で働いている、何人かのアメリカの青年とも知り合いになる機会を……（同一〇六ページ）

本当の裁判所で裁判を一度も受けたこともないのに一五年もあるいはそれ以上も投獄されているという、年配の男の人や女の人に何人もあうことができた。（同一〇九ページ）

以上あげた計三例に共通する特徴は、テンの前が終止形と同じ語尾の連体形であること、つまりここでマルとなっても語尾に変わりはないことだ。だからこそ、マルと誤解されないためにも、決して打ってはならない。ここで切って朗読してみるとその意味が理解されよう。しかしより重要な構文上の理由は、これがテンの原則の逆をやっている「反則のテン」であることだ。第一例の場合でいえば、主格の「ミン」にかかる修飾語は次の二つである。

①わたしをつかまえて来て拷問にかけたときの連中の一人である↘
　　　　　　　　　　　　　　　　　　　　　　　　　　　　　ミン
②特高警察の　　　　　　　　　　　　　　　　　　　　　　↙

第三章「修飾の順序」を思い出そう。この例の場合、「句より節を先に」「長い修飾語から先に」の二つの原則にあてはまり、したがってそのまま書き流さなければならない。これが逆になったときはじめてテンが必要になる。すなわち——

特高警察の、わたしをつかまえて来て拷問にかけたときの連中の一人であるミンが大声でいった。……

同様にして第二例の「青年」にかかる修飾語、第三例の「人」にかかる修飾語を検討してみれば、これらのテンは二重の反則であることが理解されよう。いわば許しがたいテンなのだ。ついでにいえば、第三例（本当の……）の場合もし打つとすればほかに打つべきところがある。すなわち——

……一度も受けたこともないのに、一五年もあるいは……

理由は前回で述べた第一の原則「長い修飾語が二つ以上あるとき、その境界にテンをうつ」によるものである。ここでは「投獄されている」にかかる二つの修飾語の境界が「……のに、一五年……」なのだ。しかしこの場合は二つの修飾語の長さに比較的差があり、次のように前者の方が長いから、テンは、「必ず打つ」ほどのことはないだろう。「打つとすれば」の程度である。

①本当の裁判所で裁判を一度も受けたこともないのに↘
②一五年もあるいはそれ以上も　　　　　　　　　　↗投獄されて……

もし右の②が「一五年も」だけのもっと短い修飾語だったら、テンは打たない方がよい方へ傾く。「あるいはそれ以上も」が加わって長くなったから、ここで打ってもよい方に傾いたのだ。仮りに、さらに「一五年もあるいは三〇年以上もの長い期間にわたって」とするなら、①と②がほとんど同じくらい長い修飾語になるから、テンは打つべき場所となろう。

以上ここに述べたテンの打ち方の二大原則は、構文上基本的に必要な重大原則でありながら、これまで明確化していなかったのではないかと思う。その他のテンについては、常識化しているものとして次のような場合がある。

❶重文の境目に。たとえば――

ケネディー大統領をダラスのパレード中に暗殺し、下山国鉄総裁を自殺とみせかけて暗殺する。これがアメリカ独占資本とその走狗のやりかただ。

❷述語が先にくる倒置文の場合に。たとえば――

やはりあいつか、下山総裁を殺した奴は。

❸呼びかけ・応答・驚嘆などの言葉のあとに。たとえば――

あっ、下山総裁の替玉も殺された。
あなた、殺されないように気をつけてね。
うん、ＣＩＡは恐ろしいからなあ。
しかしね、本当の敵はだね、そのまた背後にあった米独占資本なんだ。

❹挿入句の前後または前だけに。たとえば――

独占資本、とくにアメリカのそれがどんなものかは……日本の一部右翼は、主観的にはいかに「愛国的」であろうとも、戦後しばらくはアメリカ独占資本に奉仕する「売国的」行為を重ねてきた。

ところでこの「常識化」した四つのテンについて、これらは本当に「ぜひ必要な」場合として原則に立てるべきかどうかを検討してみよう。

まず❶（重文）の場合を見ると、これは第一の原則（長い修飾語の境目）に包括される原則であることがわかる。（あるいは反対に、第一の原則が重文の変形だといってもよい。）実例で示してみよう。先にあげた文の場合――

ケネディー大統領をダラスのパレード中に暗殺し、下山国鉄総裁を自殺とみせかけて暗殺する。

この重文の二つの同じ述語「暗殺する」を一つに統一すると、次のような二つの「述語にかかる長い修飾語」になる。

ケネディー大統領をダラスのパレード中に、（また）下山国鉄総裁を自殺とみせかけて暗殺する。

これだと「第一の原則」と全く同じことである。（「また」はリズム上より良い例として加えたが、変形上の必要ではむろんない。）ほかの重文も検証してみよう。小泉保氏が『日本語の正書法』で挙げた文例――

愛するものは与えるが故に富み、愛を受けるものは受けるが故に富む。（有島武郎

『惜みなく愛は奪う』)

あるところは岨づたいに行く崖の道であり、あるところは数十間の深さに臨む木曾川の岸であり、あるところは山の尾をめぐる谷の入口である。(島崎藤村『夜明け前』)

この二例についても前述の例文「ケネディー……暗殺する」と全く同じように、共通の述語(「富む」と「である」)を統一することによって「第一原則」と変わらぬことが理解される〔注1〕。述語の全く違う重文ではどうか。――

太郎は山に登り、花子は海で泳いだ。

これを二つの従属する修飾成分にして他の一つの述語で統一してみると――

太郎は山に登り、花子は海で泳いだと言われている。

もっと複雑な例として――

アルプスに登った太郎は山頂の国境で万歳を叫び、ヨットでのりだした花子は洋上の国境で逆立ちした。

これも「帰路についた」という一つの述語で統一すれば——

アルプスに登った太郎は山頂の国境で万歳を叫び、ヨットでのりだした花子は洋上の国境で逆立ちしてから（それぞれ）帰路についた。

カッコの中（それぞれ）はむろん「より良く」するための付加物にすぎない。このように、重文と「長い修飾語」とは一つの原則の中での変種にほかならず、別の原則として分離する必要を認め難いのである。重文としてテンを打たれるべき「境界」は、そっくりそのまま第一原則での「境界」に相当する。そうであればこれを別の原則として分けるよりも第一原則に吸収合併する方が、少なくとも「原則」を探究するためには論理的であり、したがってわかりやすい。それは、より単純化され、より広い次元を統括する原理であろう。結論として、**重文のテンは第一原則に吸収される**ということである。

次の❷（倒置文）ではどうか。これは全く単純に、そのまま第二原則（逆順）に吸収される。つまり「述語が文末で統括する」という日本語の根幹をなす基本語順が倒置されるのだから、まさに「逆順」そのものにほかならぬ。当然、**倒置文は第二原則に吸収される**ことになる。

では❸（呼びかけ・応答・驚嘆など）はどうか。これはどうやらテンの「必要」がない例といえる。つまり構文上のテンとは別のものなのだ。わかりやすくいえば、これはマルとか感嘆符のような別の記号で置きかえることもできる。ここの例でみると――

あっ！　下山総裁の替玉も殺された。

あなた！　殺されないように気をつけてね。

うん。ＣＩＡは恐ろしいからなあ。

しかしね。本当の敵はだね。そのまた背後にあった米独占資本なんだ。

したがってこれもテンの原則からはずす方が論理的であり、その方が構文上の明確化に貢献する。もちろんここでテンを打ってもよいが、あくまで「原則ではない」ということだ。

最後の❹（挿入句の前後または前だけ）は、もう全くそのまま二つの原則で説明しつくされるであろう。この例でいえば——

独占資本、
とくにアメリカのそれ }がどんなものかは……

①日本の一部右翼は、
②{主観的には／いかに}「愛国的」であろうとも、
③{戦後しばらくは／アメリカ独占資本に}奉仕する
{「売国的」}行為を
}重ねてきた。

前者は第二原則（逆順）として、短い修飾語を前に置く必要からテンも必要になったし、もし「独占資本」の部分がもっと長くなれば第一原則になる。（挿入句の方が逆に一つの単語になれば同格としてナカテンがよい。）後者は①②③の三つの修飾語が「重ねてきた」にかかるから、第一原則としてその境界に打つ。となれば、**挿入句の原理は二大原則そのものにほかならぬ。**

以上の検討によって、構文上必要な本当のテンの原則は最初に挙げたわずか二つだけであることがわかってきた。文章を論理的でわかりやすくするためには、構文上のテン以外は可能な限りテンを打たぬことだが、原則以外の重大なテンとしては、前述の「思想の最小単位」としての自由なテンがもちろん存在する。この自由なテンを別次元として、「構文上以外のテン」とは、たとえばナカテンまたは「わかち書き」のかわりにテンを使うような場合だ。——

太郎や次郎、三郎、四郎は別として、五郎だけはまさかそんなことをしないだろうと思ったのに。

右の最初の二つのテンは「……次郎・三郎・四郎は……」とナカテンとするか、または「……次郎三郎四郎は……」とテンなしにする方が、構文上のテン（……して、五郎は……）の役割を侵害しない。しかしこれも長い修飾語となればやはり第一原則が適用される。——

傷害事件を起こした太郎や、
スリの逮捕歴九回の次郎、
詐欺師の異名もある三郎、
強盗未遂二回の四郎
は別として、

よくあるのは分かち書きがわりにテンを使ってしまう例であろう。——

すもももももももももももいろ。

こんなものを「すももも、ももも、ももも、ももいろ」などとやっていては、テンがいくらあっても足りないし、本来のテンの役割を侵害してしまう。こういう場合は次のようなさまざまな工夫によってテンを避けなければならない。

スモモもモモもモモもモモ色。
李も桃も腿《もも》も桃色。

スモモもモモも腿も桃色。

以上で「打たなければならぬテン」の打ち方の二大原則と「思想の最小単位」としての自由なテンの説明を終わる。この「二大原則と思想のテン」によって、ほとんどすべての「テンの打ち方」を律することができると思う〔注2〕。

中学生の文法教科書を見ると、テンの打ち方については一言たりとも書かれていなかった。部厚いある国文法学習参考書でさえ、たとえば三〇〇ページを超える中でテンに関する記述はわずか一ページ半にすぎず、しかも「読点のうち方には、これでなければならないというきまりはないといえるし、文を書く人によってそれぞれ違っている。しかし、注意をして文を書いていけば、おおよそ、どのようなところにうてばよいかがわかるようになるだろう」といったセンスで触れているだけである。「注意をして文を書」くにしても、どのように注意すべきかが示されていない。これでは学習する方が途方にくれてしまう。先生たちはどう教えているのだろうか。これが自分の国の言葉を教えているはずの教科書や学習書の実情である。

最後に、この第2節でくわしく検討した「わかりやすい文章のために必要なテンの原則」（構文上の原則）をまとめて列挙しておく。

第一原則　長い修飾語が二つ以上あるとき、その境界にテンをうつ。（重文の境界も同じ原則による。）

第二原則　原則的語順が逆順の場合にテンをうつ。

右の二大原則のほかに、**筆者の考えをテンにたくす場合として、思想の最小単位を示す自由なテンがある。**これによって文章にさまざまな個性が生ずるが、それは「いいかげんなテン」ということとは正反対の極にある。

〔注1〕123ページ　この場合「である」だけで「述語」といいうるか——といった問題は詮索しない。共通因子として統括できればよい。

〔注2〕129ページ　いうまでもなく「この二大原則のほかに重大な原則はない」と断言することはまだできない。さらに究明して、もし見つかれば加えてゆきたい。

３　「テンの二大原則」を検証する

「テンの統辞論」によって明らかにされた構文上の二大原則を、さまざまな実例について応用あるいは検証してみよう。まず文部省教科書局調査課国語調査室が一九四六年に基準案として示したテンの使い方（文化庁国語課国語研究会編集『国語表記実務必携』収録）を検討してみる。この案に示された文部省の句読法でのテンは一三カ条あり、それぞれに例文がついているので、以下に片端から検証してゆく。

一、テンは、第一の原則として文の中止にうつ（例①）。

①　父も喜び、母も喜んだ。

〈検証〉重文の典型。↓第一原則。

二、終止の形をとつてゐても、その文意が続く場合にはテンをうつ（例②③）。たゞし、他のテンとのつり合ひ上、この場合にマルをうつこともある（例④）。

〔附記〕　この項のテンは、言はゞ、半終止符ともいふべきものであるから、将来、特別の符号（例へば「﹆《シロテン》」のごときもの）が広く行はれるやうになることは望ましい。

用例の〔参照一〕は本則によるもの。また〔参照二〕は「﹆《シロテン》」を使ってみたもの。

② 父も喜んだ、母も喜んだ。

③ クリモキマシタ、ハチモキマシタ、ウスモキマシタ。

〈検証〉いずれもテンである必要は全くないので、原則ではない。しかし筆者の主観としてであれば「思想のテン」として御自由に。

④ この真心が天に通じ、人の心をも動かしたのであらう。彼の事業はやうやく村人の間に理解されはじめた。

〔参照一〕 この真心が天に通じ、人の心をも動かしたのであらう、彼の事業は……

〔参照二〕 この真心が天に通じ、人の心をも動かしたのであらう。彼の事業は……

〈検証〉重文↓第一原則。

三、テンは、第二の原則として、副詞的語句の前後にうつ（例⑤⑥⑦）。その上で、口調の上から不必要のものを消すのである（例⑤における（、）のごときもの）。

〔附記〕　この項の趣旨は、テンではさんだ語句を飛ばして読んでみても、一応、文脈が通るやうにうつのである。これがテンの打ち方における最も重要な、一ばん多く使はれる原則であつて、この原則の範囲内で、それ〴〵の文に従ひ適当に調節するのである（例⑧⑨⑩⑪）。

なほ、接続詞、感嘆詞、また、呼びかけや返事の「はい」「いゝえ」など、すべて副詞的語句の中に入る（例⑫⑬⑭⑮⑯⑰⑱）。

⑤　昨夜、帰宅以来、お尋ねの件について（、）当時の日誌を調べて見ましたところ、やはり（、）そのとき申し上げた通りでありました。

⑥　お寺の小僧になつて間もない頃、ある日、をしやうさんから大そうしかられました。

⑦　ワタクシハ、オニガシマヘ、オニタイヂニ、イキマスカラ、

⑧　私は反対です。

⑨ 私は、反対です。
⑩ しかし私は、
⑪ しかし、私は……
⑫ 今、一例として、次の事実を報告する。
⑬ また、私は……
⑭ たゞ、例外として、
⑮ たゞし、汽車区間を除く。
⑯ おや、いらつしやい。
⑰ 坊や、お出で。
⑱ はい、さうです。

〈検証〉⑦までの例は全く無意味。「副詞的語句」であろうとなかろうと、第一原則として必要があるときうてばよいだけ。⑧から⑮まではすべて不必要だが、これも主観によって「思想のテン」をうちたい筆者であれば「自由のテン」としてどうぞ。⑯〜⑱は構文上テンである必要はなく、マルや感嘆符でもよい。むろんテンでもよいが、原則ではない。

四、形容詞的語句が重なる場合にも、前項の原則に準じてテンをうつ（例⑲⑳）。

⑲　くじやくは、長い、美しい尾をあふぎのやうにひろげました。

⑳　静かな、明るい、高原の春です。

〈検証〉完全に無意味。例文のテンは全部なくてよろしい。ただし⑲の最初のテンだけは第二原則（逆順）を適用してうってもよい。

五、右の場合、第一の形容詞的語句の下だけにうってよいことがある（例㉑㉒）。

㉑　まだ火のよく通らない、生のでんぷん粒《りふ》のあるくず湯を飲んで、

㉒　村はづれにある、うちの雑木山を開墾しはじめてから、

〈検証〉㉑は第一原則。㉒は不要。むしろない方がより良い。（長い順に並んでいるから。）

六、語なり、意味なりが附著して、読み誤る恐れがある場合にうつ（例㉓㉔㉕㉖）。

㉓　弾き終つて、ベートーベンは、つと立ちあがつた。

㉔　よく晴れた夜、空を仰ぐと、

㉕　実はその、外でもありませんが、

㉖　「かん、かん、かん。」

〈検証〉構文上ではなく、変な付着を防ぐためのテンは、なるべく避ける方がよい。それによって構文のためのテンの論理的役割が侵害されるから。この例だと㉓が一個は不要。㉔だと「……夜空を仰ぐ……」という意味にとられるおそれがあるということだろう。この場合は本当はわかち書き（……晴れた夜　空を……）をしたいところだが、内容からみるとむしろ「思想のテン」としてうってもよいかもしれない。あるいは「……よる空を……」とか「……夜に空を……」「……夜そらを……」とする方法もある。場合によってはマルでもよい。ただこの場合、「夜」と「仰ぐ」の間に「空を」がはいっているため第一原則が弱いながら作用し、テンがあっても構文上それほど不自然ではなくなっている。前後にどんな文がくるかによっても違ってくるだろう。いずれにせよ「必要」とはいえない。㉕は、テンよりもむしろ「実はその……外でもありませんが」

とリーダー（点線）を使う方がより良い。㉖は原則としては不要だが「自由なテン」なら別。

七、テンは読みの間《ま》をあらはす（例㉖参照㉗）。

㉗「かん〳〵。」

〈検証〉前項と同じ理由でむしろ避けるほうがよい。

八、提示した語の下にうつ（例㉘㉙）。

㉘秋祭、それは村人にとつて最も楽しい日です。

㉙香具《かぐ》山・畝火《うねび》山・耳梨《みみなし》山、これを大和の三山といふ。

〈検証〉趣味の問題。むしろマルの方がよく、あるいは――（中線・長棒）でもよい。

九、ナカテンと同じ役目に用ひるが（例㉚）、特にテンでなくては、かへつて読み誤り易い場合がある（例㉛）。

㉚　まつ、すぎ、ひのき、けやきなど
㉛　天地の公道、人倫の常経
〈検証〉㉚はナカテンの方がよい。㉛は前述のように第一原則とからんでくるのでテンの方に傾く。しかしこのていどの長さだと、まだナカテンでもよい。

十、対話または引用文のカギの前にうつ（例㉜）。
㉜　さつきの槍《やり》ケ岳《たけ》が、「こゝまでおいで。」といふやうに、
〈検証〉カギとテンは何の関係もない。この例でみると、もしテンをうつとすれば第一原則としての話にすぎない。

十一、対話または引用文の後を「と」で受けて、その下にテンをうつのに二つの場合がある（例㉝㉞㉟）。
「といつて、」「と思つて、」などの「と」にはうたない。
「と、花子さんは」といふやうに、その「と」の下に主格や、または他の語が

来る場合にはうつのである。

㉝「なんといふ貝だらう。」といつて、みんなで、いろ〳〵貝の名前を思ひ出してみましたが、

㉞「先生に聞きに行きませう。」と、花子さんは、その貝をもつて、先生のところへ走つて行きました。

㉟「おめでたう。」「おめでたう。」と、互に言葉をかはしながら……

〈検証〉特にとりあげるべき何の意味ももたない。この例文でみる限り要するに第一原則の問題にすぎない。

十二、並列の「と」「も」をともなつて主語が重なる場合には原則としてうつが、必要でない限りは省略する（例㊱㊲㊳㊴）。

㊱父と、母と、兄と、姉と、私との五人で、

㊲父と母と兄と姉と私との五人で、

㊳父も、母も、兄も、姉も、

㊴父も母も兄も姉も、

〈検証〉完全に無意味。

十三、数字の位取りにうつ（例㊵㊶㊷）。

〔附記〕現行の簿記法では例㊵㊶のごとくうつが、わが国の計数法によれば、例㊶は㊷のごとくうつのが自然である。

㊵ 一、《円》二三五

㊶ 一、二三四、五六七、八九〇

㊷ 一二、《億》三四五六、《万》七八九〇

〈検証〉これは全く次元の異なる数字表記での問題だから論外だが、ここで言われている内容はこのとおり。とくにタテ書きの日本語文であれば㊵㊶のような植民地的三桁法をやめて、教科書その他でも㊷の四桁法を推進すべきであろう。

以上の検証によって、二大原則さえあれば文部省案の一三項もの基準は不要であることが理解された。すなわち構文上必要なテンはわずか二つの原則によって律することが

できる。むろんこれは狭義の文法的な「規範」や「規則」ではない。あくまで「わかりやすい（論理的な）文章」のための構文上の原則である。

では、これまでに拾っておいた文例の中から、テンのうち方として問題のあるものを、この二大原則によって訂正してゆく作業を以下に実践してみよう。

試合は、大会随一とうたわれる東洋大姫路の左腕松本、一年生、十五歳で決勝戦のマウンドを踏む東邦の少年エース坂本両投手の投げ合いで進み、1―1のまま、決勝戦としては連続二年、八度目の延長戦になった。（『朝日新聞』一九七七年八月二一日朝刊一面）

右の中で一読して何のことかわからない部分は「……左腕松本、一年生、十五歳で……」であろう。「一年生、十五歳」がだれのことを説明しているのかわからない。これは「一年生」のあとのテンが構文上のだれではないために、重要な他のテン（「松本」のあとのテン）の役割を侵害した結果である。すなわち「一年生」と「十五歳」は同格・並列なのだから、ここはナカテンにして「……左腕松本、一年生・十五歳で……エース坂本両投手」とすれば、「松本」が「両投手」にかかるための第一原則のテンの役割がはっきりする。参考までに構造式を示せば——

試合は、
大会随一とうたわれる東洋大姫路の左腕松本、
一年生・十五歳で決勝戦のマウンドを踏む東邦の少年エース坂本
｝両投手の投げ合いで｝進み、

テンとナカテンを区別しないためのこうした分かりにくい文章は珍しくない。次の例もその典型であろう。

第一二九師は、師団長劉伯承、副師団長徐向前（国防相）、政治委員張浩で、長征途中で毛と対立した張国燾、徐向前が率いていた第四方面軍を主力としていた。
（『朝日新聞』一九七八年一〇月六日朝刊七面）

訂正する前に構造式を見よう。

①第一二九師は、②師団長劉伯承、副師団長徐向前（国防相）、政治委員張浩で、
③長征途中で毛と対立した張国燾、徐向前が率いていた第四方面軍を主力としていた。

構文上の原則としては①②③の境界の二つのテンだけであろう。この役割を他の三つのテンが侵害している。これら三つはナカテンにすべきであろう。そして①②③の境界のテンのうち②③は「長い修飾語」の原則（第一原則）に当たる。①は短い題目を冒頭にもってきたための「逆順」（第二原則）といえよう。したがって必要なテンだけ残して次のように訂正すればわかりやすくなる。

第一二九師は、師団長劉伯承・副師団長徐向前（国防相）・政治委員張浩で、長征途中で毛と対立した張国燾・徐向前が率いていた第四方面軍を主力としていた。

もう一つ同じ問題の例をあげよう。

中国大陸から台湾への〝平和攻勢〟が高まるなかで、六日、辛亥《しんがい》革命の立役者で

中国近代化の先駆者、孫文と親交のあった日本人や在日華僑の直系の家族たち十数人が訪中する。(『朝日新聞』一九八一年一〇月六日朝刊二二面)

はじめ「先駆者」が「日本人」にかかると思ったが、変だから読みなおしてみると、実は「孫文」に直接かかる説明なのだ。そうであればここはナカテン(「……先駆者・孫文……」)か、あるいはテンなし(「……先駆者孫文……」)で続けるべきであろう。

次の例はどうか。

私は人間的な感動が基底に無くて、風景を美しいと見ることは在り得ないと信じている。(集英社『東山魁夷の世界』)

右の筆者には「人間的な感動」が無いかのように解釈できる。つまり「私には基底に人間的感動がないので、風景を美しいと見ることなどできない」ということのように思われるが、事実は正反対なのであろう。必要なテンがなくて、無用なテンがあるためにそうなってしまう。もはや構造式を書くまでもないと思うが、改良の方法としては、もしテンの移動だけ(つまりテンひとつ)で直すとすれば第二原則(逆順)によって——

私は、人間的な感動が基底に無くて風景を美しいと見ることは在り得ないと信じている。

となる。もし二つのテンで書くとすれば初めて——

私は、人間的な感動が基底に無くて、風景を美しいと見ることは在り得ないと信じている。

と原文のテンが出てくることになるが、これはもはや構造上のテンの役割を侵害する。つまり構文には「文としての構文」と「節（クローズ＝50ページの注）としての構文」があるから、たとえ原則にかなっていても、この二つの異なる次元を一緒くたにすれば、節としての構文のテンが文としての構文のテンを侵害するのだ。この例で説明すれば次のようになる。

①私は
②人間的な感動が基底に無くて風景を美しいと見ることは
在り得ないと
} 信じている。

つまり「信じている」に二つの修飾語がかかり、そのうち②は節となっていて、これだけで考えれば次のような構造だ。

③人間的な感動が基底に無くて
④風景を
⑤美しいと
} 見ることは在り得ないと

さらに考えれば、このうち③は「節の中の節」となっているから――

⑥人間的な感動が
⑦基底に
} 無くて

という構造である。すなわちここでは三つの文が次のように入れ子になっている。

私は
人間的な感動が
基底に
Ⅰ
無くて
風景を
美しいと
Ⅱ
見ることは在り得ないと
Ⅲ
信じている。

これらのⅠⅡⅢの文の各修飾語に、二大原則にしたがってすべてテンをうてば——

私は、人間的な感動が、基底に無くて、風景を、美しいと見ることは在り得ないと信じている。

これでは多すぎて分かりにくくなっているが、その理由はⅠの文（句）のテンがⅡとⅢの構文のテンの役割を侵害しているからである。Ⅰのテンを除き、かつⅡの中でも

「風景を」「美しいと」はどちらも短い修飾語だからその境界のテンも除けば、前述の「二つのテンで書くとすれば」の文となる。それでもⅡ（句）のテンがⅢ（文）のテンの役割を侵害している。このように、**構文上高次元のテン（文のテン）を生かすためには低次元のテン（節のテン）は除く**方がよい。もしどうしても節のテンが必要になったときは、次のように語順を変形して入れ子をはずせば解決する。これは第二原則（逆順）のテンを消すために正順にもどしたことにもなる。

　人間的な感動が基底に無くて、風景を美しいと見ることは在り得ないと私は信じている。

　次に、あってはならぬテンによって文がわかりにくくなった例をあげる。

　そこで、じゅうたんの上にくるま座になって紅茶と、アラビアコーヒーをごちそうになる。（『朝日新聞』一九八〇年二月一一日朝刊一面）

「紅茶と」のあとのテンは「ならぬテン」だが、もしうつとすれば第一原則によってその前にうつ。――

　じゅうたんの上にくるま座になって、｝ごちそうになる。
　紅茶とアラビアコーヒーを

　次の例も、完全に直列につながっている修飾語をわざわざテンで切り離している。

　北海道日高管内静内町にある、シャクシャイン記念館で三日、アイヌ系住民の古式にのっとった結婚式が三十年ぶりにおこなわれました。（『赤旗』一九八一年一〇月六日一面）

　右の「……にある、シャクシャイン……」のテンは有害無意味。次の例はどうだろう。

　私は出発準備にとりかかった。まずアベールの妻のカーリが、昨夜寝る前にほしておいてくれた靴や手袋をていねいにもむ。物音で目がさめたのだろうか、カーリも起き出してきた。（『極北に駆ける』文藝春秋二三二～二三三ページ）

もし前後の文をかくして「まず……ていねいにもむ。」の一文だけとりだすと、もんでいるのはカーリであることになる。「妻のカーリが、」のテンがそう読ませるのだ。――

①まず
②アベールの妻のカーリが、
③昨夜寝る前にほしておいてくれた靴や手袋を
④ていねいに
｝もむ。

つまり第二原則（逆順）が働いて、しかも主格（が）が一つしか現れないので、短い修飾語としての②が長い③より先に来たためにテンをうったとみる。ところがこの前後の文章によって意味を考えると、もんでいるのは実は「私」であることがわかる。あとの方で「カーリも起き出してきた」と出てくるため、「おや？　カーリは手袋などをもんでいたのではなかったのか」と気づく。せめてこのテンがなければ、これほど「完全に」誤読をされはしなかった。「カーリが」が「ほして」にかかるような読み方をされる可能性もあった。つまり第一原則順に並べればこれは次のような関係なのだ。

アベールの妻のカーリが
昨夜寝る前に
ほしておいてくれた靴や手袋を
ていねいに
(私は)
まず
もむ。

このままテンなしの文にすれば――

アベールの妻のカーリが昨夜寝る前にほしておいてくれた靴や手袋をていねいに(私は)まずもむ。

このままでもよいが、もし「まず」を先におく方がよいと筆者が考えるならば、それを冒頭においてテンをうつ(第二原則)。

まず、アベールの妻のカーリが昨夜寝る前にほしておいてくれた靴や手袋をていねいにもむ。

もうこれ以上の点は必要ないが、もしあえてもう一個ふやすとすれば、「もむ」にかかる最初の修飾語のあとだけ、それだけしかない。——

まず、アベールの妻のカーリが昨夜寝る前にほしておいてくれた靴や手袋を、ていねいにもむ。

この第二のテンは、しかしながら決して「必要」ではないことを強調しておきたい。潜在している「私は」は、この前の文に「私は出発準備にとりかかった。」とあるので、あえてここで顕在化する必要はないが、もし独立した文として顕在化し、かつ冒頭におきたいと筆者が考えたとすれば、「私は、アベールの……」とすることができる（第二原則）。この場合一番いいのは、「まず」も逆順にして冒頭におき、「私は」と一緒にすることであろう。——

まず私は、アベールの妻のカーリが昨夜寝る前にほしておいてくれた靴や手袋をていねいにもむ。

以下に挙げる四例は、いずれも余分なテン（傍線部分）として構文を乱している。理由はもう説明するまでもないだろう。

われわれはこれから、ヤーグーティ（ルビーの意）な時代を迎えるのだ、というのが、ホメイニ師によってラジオ・テレビ局の総轄責任者に任命された、ゴドブザデ氏の主張であった。（『私のイラン二十五年』東京新聞出版局）

この言葉自体は以前から存在したが、これを新語というのは、その意味が、パーレビ朝下において、特に最近二十年ほどの間に急速に発展した、イランの工業を否定する意味で使われるためである。（右に同じ）

同時に、石油資本はイギリス植民地主義を意味し、イギリス植民地主義を庇護しているとイラン人達が信じている、国際資本を指していた。（右に同じ）

クンタは嫌な顔はしない方が利口だとは心得ていたものの、ここのところ数日間ビンタが夜なべで糸を紡《つむ》いでいる間、おしゃべりでうるさい、小さい弟のラミンの守りをさせられてくさっていた。(『ルーツ』上巻・社会思想社)

次の二例は、反対に「必要なテンが」傍線部分にないためにわかりにくくなっている。

亡くなったおばあさんが毛だらけで、赤顔で、変な人相の白い人間たちがいて、大きなくり舟に載せて人をさらって行ってしまう、とよく話していたからであった。(『ルーツ』上巻・社会思想社)

クンタはよく藪の中で自分が一人前の男になったら、すぐに母親のビンタを女らしくふるまうようにしつけてやろうと腹立ちまぎれに考えるほどであった。(右に同じ)

ただ、この場合「必要なテン」を加えるだけでは、それによって致命的欠陥は救えるものの、さらに「余分なテン」を除かなければ構文上の欠陥が無くならぬ。「余分なテン」のほとんどは、さきに述べたように「文の構文のテン」を「節の構文のテン」が侵害した場合である。それらを全部除いた上で構造式として示せば——

亡くなったおばあさんが、
毛だらけで赤顔で変な人相の白い人間たちがいて大きなくり舟に載せて人をさらって行ってしまうと
よく話していたからであった。

クンタはよく藪の中で、
自分が一人前の男になったらすぐに母親のビンタを女らしくふるまうようにしつけてやろうと
腹立ちまぎれに
考えるほどであった。

すなわち、ことは全部正反対だったことがわかる。原文には必要なテンがなくて、余分なテンばかりうっていたのだ。しかし、原則に従ってこのように改良したものの、これはいかにも「翻訳調」で、いいかえれば「イギリス語のシンタックスをそのまま日本語にはめこんだ調子」だから、よい日本語ではない。イギリス語がいかにできても日本語ができなければよい翻訳にならないという意味はここにある。これ以上は、語順の問題も含めてさまざまな改良方法があるものの、本章のテーマではないからここまでとし、読者の研究におまかせしよう。

〈67ページの注〉　第三章の冒頭にあげた例文のなかで、誤解の少ない語順としてⒷとⒸをあげた（52ページ）が、この二例について「長短の原則」を適用してみると、Ⓑ（白い厚手の）よりⒸ（厚手の白い）の方が一音節の差で「より良い」（ベター）であろう。たとえば「白い」を「紫色の」と変えてみると、こんどは三音節の差でⒷ（紫色の厚手の）がベターとなろう。

第五章　漢字とカナの心理

日本の国語国字問題で、漢字とローマ字について論じはじめると、もう底なしの泥沼に引きずりこまれてしまうようだ。さまざまの立場の考え方を紹介するだけでも、一冊の単行本ではとうてい収容しきれないだろう。しかもこれは、文部省を通じて教育の現場に影響し、直接的に政治とかかわりもするため、対立はきわめて深刻なものにならざるをえない。

私自身も国字問題としての漢字とローマ字について一応の主張を持ってはいるが、ここでそれを述べようとは思わない。それは第一に、まだ確信をもって主張するほどの勉強をしていないことによる。また第二に、本稿の目的はこの問題とは別のところにあるので、軽々に論ずることは避けたいためである。したがってここでは、日本語の国字が一応「漢字とカナの組み合わせ」である現状に立った上で、その範囲内での「わかりやすさ」を論ずることにしたい（注1）。

極端な話からはじめよう。全文を万葉仮名（漢字）で書いてしまうと、これはもはや「漢字とカナの組み合わせ」ではないから、まず可能なかぎり漢字を使った場合から考えてみることにする。実例は何でもいいが、手もとに堀川直義氏の『記事の書き方・直し方』という本があるので、この中から「漢字の数」という章の一文を抜いてみよう。

現代の日本文は、だいたい平がなと漢字のまじり合った文章であるが、そのまじり具合が問題なのだ。

これに「可能なかぎり」漢字を使ってみると次のようになる。

現代の日本文は、大体平仮名と漢字の混り合った文章であるが、其の混り具合が問題なのだ。

ここで送りがなの問題もまた起こるが、これについてはこの章の最後に少しふれる。

右の例の場合、漢字がむずかしいかやさしいかといった問題は別として、「わかりやすさ」を考えてみると、明らかにひっかかるのは「大体平仮名」の部分である。（もし送りがなを極度に少なくした場合は「其混具合」といった書き方も可能であり、同様にひっかかる部分となろう。）なぜこれが分かりにくくなるのだろうか。反対に全部カナにしてみると――

げんだいのにっぽんぶんは、だいたいひらがなとかんじのまじりあったぶんしょうであるが、そのまじりぐあいがもんだいなのだ。

これもまた明らかにわかりにくい。すなわち漢字ばかりでもカナばかりでもわかりにくいのだ。ということは、同じような形の字ばかり続くと分かりにくいということである。「げんだいのにっぽんぶんは」というふうに書くと、読む側はカナの一字一字を拾って読まねばならず、ひとつのまとまった意味としての「現代」や「日本文」が、全くの基礎記号としてのアルファベットに分解してしまう。「げんだい」も、「いのにっぽ」も「ぽんぶんは」も、言葉のまとまりとしては同格になってしまうのだから、読む側は瞬間ごとに一種の翻訳を強要されるわけだ。漢字ばかりのときも同様である。「大体平仮名」とすると、「大体」も「体平」も「仮名」もまとまりとしては同格だから、意味の上でどこで切れるのかは、読者による一種の翻訳が強要される。読みにくいはずである。このことは、ローマ字を国字としている言葉たとえばイギリス語でも同じだ。

HewasanoldmanwhofishedaloneinaskiffintheGulfStreamandhehadgoneeightyfourdaysnowwithouttakingafish.

これはアーネスト＝ヘミングウェイ作『老人と海』の冒頭だが、これではたいへんわかりにくい。これを単語に分かち書きして――

He was an old man who fished alone in a skiff in the Gulf Stream and he had gone eighty-four days now without taking a fish.

とすれば、わかりやすくなる。さらに突きつめていえば、わけて書いても全部を大文字にして――

HE WAS AN OLD MAN WHO FISHED ALONE IN A SKIFF IN THE GULF STREAM AND HE HAD GONE EIGHTY-FOUR DAYS NOW WITHOUT TAKING A FISH.

とすると、これもまたわかりにくい。なぜ大文字がわかりにくいか。それはみんな同じような形で、そろった大きさだからである。小文字であれば old とか fished とか gone とかいうように、上や下に突き出た棒や線があるため、印象が違ってくるのだ。FISH も GONE も大差ないが fish と gone とではたいへん違った「まとまり」である。つまり眼で見て違った〝絵〟が並んでゆくほど、パッと一目で早く読めることになる。

以上の検討で明らかなように、漢字とカナを併用するとわかりやすいのは、視覚としての言葉の「まとまり」が絵画化されるためなのだ。ローマ字表記の場合の**「わかち書き」に当たる役割を果たしている**のである。もともと漢字は絵から出発した象形文字を基礎としている上に、それ自体が意味をあらわす表意文字（より正確には単語文字）だから、ローマ字やカナに比べて視覚的なわかりやすさは抜群だ。それにさらに「わかち書き」的な意味と表音文字としてカナを加えた日本語の国字は、その意味ではたいへん読みやすい方式ということもできよう。ある意味では世界に誇る大発明である。しかし書くためにはかなりの難題をかかえていることは否定しがたい〔注2〕。

漢字とカナの併用にこのような意味があることを理解すれば、どういうときに漢字を使い、どういうときに使うべきでないかは　おのずと明らかであろう。たとえば「いま」とすべきか「今」とすべきかは、その置かれた状況によって異なる。前後に漢字がつづけば「いま」とすべきだし、ひらがなが続けば「今」とすべきである。


Ⓐ｛その結果今腸内発酵が盛んになった。

　｛その結果いま腸内発酵が盛んになった。

Ⓑ｛閣下がほんのいまおならをなさいました。

　｛閣下がほんの今おならをなさいました。


右のⒶは「いま」、Ⓑは「今」の方が視覚的にわかりやすい。編集者のなかには、こういうとき統一したがる人がいる。「今」は漢字にすべきかカナにすべきか、などと悩んだ上に決めてしまうのは、愚かなことである。実例を見よう。——

ナポレオンは、倉庫にあるほとんどからの穀物貯蔵箱に、へりすれすれ近くまで砂

をつめ、その上を残りの穀物やひきわりですっかりおおうように命じた。（『動物農場』角川文庫）

　右のうち「…にあるほとんどからの」「…やひきわりですっかりおおうように」は読みにくい。これは「…ほとんどカラの」「…ほとんどからの」「…ほとんど空《から》の」「…や碾《ひ》き割りですっかり被《おお》うように」「…やひきわりですっかり…」などと漢字や片カナや傍点を使えば解決するが、漢字の場合は常用漢字とのジレンマが出てくる。「へりすれすれ」も「へりスレスレ」の方がわかりやすいが、むやみに片カナを使うのも好ましくないとなれば、この問題は常用漢字無視（ルビ使用）か傍点以外にあまり名案はなさそうだ。（日本語がローマ字化されれば分かち書きによって解消することだが。）

　漢字とカナの関係の基本的原則は、こうした心理上の問題に尽きるといってもよい。となると、最近の常用漢字の用法にも、当然つよい疑問が起きざるをえなくなる。常用漢字にないからといって、たとえば「書かん」「両せい類」などと書いたのでは、まるっきりわかりにくくなってしまうのだ。「書翰」を「手紙」というように、単純に書きかえできるものはまだしも、「常用」が以前「当用」だったころ、「昆虫」はなかった。だが「昆虫」イコール「虫」ではない（たとえばクモやゲジゲジは虫であっても昆虫ではない）から、昆虫の書きかえは不可能である。といって「こん虫」とやったのでは、まず本来の意味がわかりにくくなる。「こん虫」は「昆虫」という字を知っていてこそ判読できる性質のものだ。となれば「こん虫」とする意味は全くなくなる。そしてもうひとつの問題が、ここでいう漢字とカナの心理なのだ。どうしても「昆」という字が使えなかったころ、わかち書きとしての漢字カナまじりの文の長所は完全に破壊された。「こん虫」式に漢字を使って極端な文を作ってみれば、次のような日常的日本語さえも読みにくくなる。

本しょの目てきは、へん形生せいぶん法のたち場からにっ本ごのぶん法を、特にれん体修しょくこう造を主だいとしてき述することである。

これを原文にもどせば次のようにわかりやすい。

本書の目的は、変形生成文法の立場から日本語の文法を、特に連体修飾構造を主題として記述することである。（奥津敬一郎『生成日本文法論』「はしがき」から）

このように考えれば、「こん虫」式の書き方をしてはならないと結論することができよう。当用漢字になかった場合は「昆虫（こんちゅう）」と読み方を示すか、「昆虫《こんちゅう》」とルビをふることだった。私は一般に常用漢字など無視しているが、むやみと漢字を使うのが「良い」ことだとは思わないので、仕方のないときはルビを使うことにしている。しかし新聞記事では当用漢字を強制された上にルビも使えなかったので、そんなときは右のようにカッコの中で読み方を示すか、あるいは次善の策として「コン虫」というようにカタカナを使っていた。これだと少なくともわかち書きの作用を果たすことにはなる。ひどい実例を拾ってみよう。

ここからはい草の睡眠用マットが大量に輸出されているが、同省はすでに七五年当時よりい草栽培面積を七倍にも広げた。（『朝日新聞』一九七七年四月三〇日朝刊七ページ）

この文で「い草」が藺草《いぐさ》のことだと分かるまでに一定の〝時間〟を要した。前のカナとの親和性が強いから「はい草」（ハイソウ）と読んだりする。これなどはイグサと書けば直ちに解消する問題なのだが。

漢字とカナの組み合わせによる文章となると、送りがなの問題にもふれざるをえない。しかし送りがなというものは、極論すれば各自の趣味の問題だと思う。ひとつの法則で規定しても無理が出てくる。ほとんど唯一の可能な法則化は、語尾変化可能な部分以下をすべて送りがなにすることだ。たとえば「終る」という単語は「おえる」とも変化する以上、「終わる」としなければならない。文の最後に出てくる「終」も「終わり」だ。反対に「すくない」は「すくな」までが語幹だから「少い」と書くと、「すくなくない」は「少くない」になる。これでは「すくない」のか「すくなくない」のかわかりにくい。文部省は四苦八苦して定めたものの、どうしても都合が悪くなって、これまで何度も改定してきた。新聞社はそのたびに右往左往させられ、今やいかなる記者といえども、校閲部の専門家以外に現行の規定を正確に守りうる者はいなくなった。送りがなは、規定すること自体がナンセンスなのだ。文豪たちの作品を見られよ。なんと好き勝手にそれぞれの方法で送りがなを使っていることだろう。要するに、送りがな問題は文部省など黙殺し、趣味に従って勝手気ままにすればよいということである。

ただ、いくら趣味の問題とはいえ、同じ一人がいろいろ違った方法で書いてはまずい。あるときは「少い」と書き、あるときは「少くない」と書いたのでは、読む方が混乱する。あまり送らない傾向の人は全文を常にそうすべきであり、送りたい趣味の人は常に送るべきである。私自身は比較的よく送るようにしている。「住い」を「すまい」と読ませたり、「始る」を「はじまる」と読ませるのは、読者に一種の翻訳を強要することになりがちだ。やはり「住まい」「始まる」としたい。

とはいえ、これは論理の問題としては大したことではない。やはり趣味の問題であろう。ただ誤解のおそれのあるもの、たとえば先の「すくない」は「少ない」がいいだろう。したがって「すくなくない」は「少なくない」となる。

さて、漢字とカナの組み合わせが「わかち書き」の役割を果たすとなると、読点（テン）との関係で少々困ったことが起きる。すなわち、さきに第四章でテンの打ち方を考えたときは、もっぱら論理として（統辞論として）の原則であった。ところが一般に使われているテンの中には、単に「わかち書き」のために打たれている例が多い。となると、わかち書きという物理的なテンが、論理としてのテンを侵略して、統辞の上で重大な破綻をもたらすことになりかねない。これでは第四章の原則が成りたたなくなる。

結論として、わかち書きを目的とするテンは一切うたないことだ。その結果どうしてもカナばかり続いて読みにくいところができてしまったらどうするか。まず漢字、次いで傍点やカタカナを考えてみるが、それでもダメな場合は、ほんとうにわかち書きをすればよい。たとえば「あけまして　おめでとうございます」のように。このとき一字ぶんあけるのでは広すぎるので、半分の「半角アキ」（二分アキ）にして「あけまして　おめでとうございます」とすることも多い。これは幼児用のカナばかりの本によくみられる。しかし実際には、そこまでしなければならぬ例は案外すくない〔注3〕。梅棹忠夫氏は原則として訓《くん》はカナ、音《おん》は漢字としているため、カナばかりになるケースがかなりあるが、そういうときはわざと漢語を考えて入れているという。

ついでながら、外国語をカナ書きにするときの表記方法についてもふれておきたい。音韻構造が日本語と全く同じ外国語というようなものはほとんど考えられない以上、表記法の異なる外国語をカナに移すことは不可能である。それはローマ字であろうとアラビア文字やヒンディーの文字であろうと変わるところはない。たとえばイギリス語のローマ字表記における tu と日本語のローマ字 tu（ツ）とは発音が違う。これは日本語をヘボン式にして tsu としてみても、イギリス語式に発音すれば決して日本語の「ツ」にはなるまい。（だからこそ日本語は日本式〈訓令式〉ローマ字でなければならず、イギリス語式〈ヘボン式〉のごとき植民地型言語政策をとってはならない。）アイヌ語の音韻構造は日本語に近いのでカナ書きと実際との間に比較的違いが少ない方だが、それでもアイヌ語式カナ表記として「ㇳ゚」(tu) のような例が必要になる。奇怪なことだが、さまざまな言語をローマ字で書けば正確に表せると考えている人が案外多い。もし全人類の言語を正確に表記するとしたら、ほとんど無限の音声記号を創るほかはない。現在使われている「国際音声字母」その他の音声記号にしても、あくまで近似値としての約束の上での話である。ましてローマ字であれカナであれギリシャ文字であれ、各国の国字はある一つの言語を表記するための「約束」にすぎないのだから、これを他の言語に適用するときは別の約束に従うほかはない。

たとえばベトナム語で [tʃiː] という音声記号の言葉をローマ字で書くと tri になるが、これはもちろんベトナム語だけに通用する約束の上で決められたものだ。したがって tri を日本式(訓令式)ローマ字の約束で発音しても違うし、イギリス語式ローマ字の約束でも違う。だから tri をトリ [toɾi] と書いたら、それはもう [tʃiː] とは似ても似つかぬものとなり、トリすなわち日本式ローマ字の tori [toɾi] とベトナム人に言っても全く通じない。より実情に近くカナ書きすれば「チー」であろう。カナのような音節文字は、母音または「母音プラス子音」がセットになっている日本語に適した表記であるために、カナ表記するとき子音の多い言葉ほど実情と離れやすくなる。イギリス語のように母音の種類が多い割に量が少なく、かつ子音の種類も量も多い子音中心構造の言語は、カナ表現には最も不適当だろう。（イギリス語のようなタイプの言語は、他の多くの民族にとって発音や聞きとりの点で「世界語」には不適当なグループに属するだろう。）

このような背景を理解した上でカナ表記を考えるなら、次の三つの条件を考慮した上で決めるのが得策と思われる。

①どんなに努力しても実際と一致することは不可能である。

②実際にそのカナを発音してみて、どれが原語に「より」近いかを考える。

③どうせ不可能なら、むしろ日本人にとって発音しやすい（視覚的にもわかりやすい）方をとる。

たとえばベトナム語の「ベトナム」（音声記号だと［vietnɛ:m］）はベトナム語ローマ字表記だと六声のトーンも加わってViêt-Namとなるが、これは決してイギリス語（ヘボン式）ローマ字表記のvietnamでもなければ日本語式ローマ字表記のvietnamでもない。ところが、これを「ヴィエトナム」とカナ書きする人がある。こういう人たちには、どちらかというと衒学的《げんがく》（ペダンチック）な傾向が強いようだ。しかしヴィエトナム（すなわち日本式ローマ字だとvi-e-to-na-mu）と言ってみてもベトナム人には通じはしない。むしろヴェツナンとでも言った方がいい。どうせ通じないのなら、妙にコケおどしの衒学的表記などしないで、すでに慣例化した単純な「ベトナム」でいいではないか。

しかし、まだ慣例のないものをカナにあてるときは、もちろんできるだけ実情に近い方がいい。しかしそれもやっぱり日本人に適した方法（前記条件の③）をとるべきであろう。エスキモー語のᖃᖅᑲᖅ（カナダのエスキモー文字・「山」の意）は音声記号だと[qaqqaq]だが、たとえばこれをカクカックとカナ表記すると「ヴィエトナム」式に奇妙なことになる。kakukakku などと言ってもエスキモーに通じはしない。そうであればむしろ「カカ」くらいにする方が、日本人には読みやすいだろう。腕時計のイギリス語は watch だが、これを発音[wɔʧ]どおりに書くつもりで「ウオッチ」（すなわち u-o-tti）などとカナ書きするより、むしろ船員用語の「ワッチ」（見張り＝watch）と書く方が実際に近い上に、日本語の文章の中でも単純でわかりやすい。船員の言葉とか人力車夫の言葉にはこういう例がよくある。ということは、衒学的なエライヒト〔注4〕の表記よりも、庶民のやりかたの方が優れているということでもあろう。

〔注1〕 159ページ　基本的な私の姿勢としては、できることなら漢字はない方がいいと思うし、表音文字による日本語表記を理想としている。ただ日本語の表音文字にローマ字がよいかどうかの判定には自信がない。カナまたはカナ的原理（音節文字法）の長所も捨て難い。

〔注2〕 163ページ　国字としての漢字とカナの問題について、多くはないが私の見た本の中で具体

性のある一例は、鈴木孝夫氏の『閉された言語・日本語の世界』（とくに第二章「文字と言語の関係」）であろう。しかし日本語の文明論的解釈の部分（第四章）などにはかなり問題があるようだ。三浦つとむ氏の『日本語の文法』は弁証法の立場から鈴木氏の機能主義を強く批判している。次の章で紹介する三上章氏についても、三浦氏は「形式主義者」として批判している。また田中克彦氏の「日本語の現状況」（『文学』一九八一年一〇月号）は、鈴木氏のこの本のまさに具体的部分の論証方法を批判している。

〔注3〕169ページ　本書では三七ページ二行目の「どうやら」のあとなど数カ所でこの方法を使った。

〔注4〕172ページ　このように「偉い人」と書かずに「エライヒト」とカタカナで表記する用法は、実は偉いと思っていないときに「からかい」の意味で使われる。週刊誌などがよく「〇〇サン」とカタカナで敬称をつけるのも同様だが、あんまりこれを使うと下品になり、書いている当人の品もおちる。

第六章　助詞の使い方

言語を非常に大ざっぱに分類するとき、コトバとコトバとの関係を示す方法によって、フランス語やイギリス語のように単語が形を変える方法によるものを屈折語、中国語やベトナム語のように単語を並べる順序によるものを孤立語、日本語や朝鮮語のように助詞と助動詞などを使う手段によるものを膠着《こうちゃく》語と呼んでいる。この古典的分類には問題もあるようだが、ともかく助詞と助動詞は日本語の性格を決定する重大な品詞には違いない。この両者のうち助動詞の方は、主人公の単語の意味を決めたり、陳述を助けるといった文字通りの補助的役割を果たすだけだが、助詞の方は文章全体の構造を支配するきわめて重大な役割を演ずる。膠着語の統語法の根幹をなす品詞である。（その意味では助詞というより幹詞とでもいうべきかもしれない。）したがってこれを作文技術の上でとくに重視せざるをえないのも当然である。日本語を正確に使いこなせるかどうかは、助詞を使いこなせるかどうかにかかっているといっても過言ではないだろう。助詞はそれほど重要な役割を果たしている。

助詞の中でもとびぬけて重要で、かつ便利な助詞は「ハ」である。それだけに「ハ」は文法家の間で常に論議のマトとされてきたし、今もされている。ここで文法論に深くたちいる気はないが、本稿の目的としての「わかりやすさ」という側面からだけこの助詞に言及しておきたい。

私たちもそうだったが、今の中学生たちも学校で日本語の文法を教えられるとき、もはや文法は確立したもの、がっちり完成された論理として習う。この方面にとくに関心のある人や学者は別として、一般の大部分のおとなもそう思っているだろう。

だが実は、これは全くの神話であり、幻想なのだ。日本語の文法は、極論すればどれもこれも仮説の域を出ないとさえいえよう。(もっと極論するなら、世界中の言語の文法はすべて未完成だともいえるが、ここでは一応日本語に限っておく。) 私はこれまでの記述で、いわゆる文法用語はなるべく使わないようにしてきた。その第一の理由は、もちろん私が文法用語を使いこなすほど知識がないことによるが、それ以上に大きな理由は、文法用語を心配なく使えるほどには日本文法が確立していないからである〔注〕。

できることなら、文法のことになど私はふれたくなかった。そんなことは、さまざまな仮説でしのぎを削る学者にまかせておけばよい。しかしたとえば「主語と述語」というような、すべての教科書にまっさきに現れる文法用語にしても、あまりにも問題が多いのだ。そして「わかりやすさ」を考えるとき、このことはどうしても考慮の外におくわけにはいかない。いわゆる翻訳調の文章がなぜわかりにくいのか。第三章の「語順」の問題で、長い修飾語を先にするとなぜわかりやすいのか。こういう問題と「主語」の話とがいやでもからんでくるのである。「わかりやすさ」を考えてゆくうちに、「主語」というものに強い疑問を感じていたとき、これまでにも名が出てきた三上章という文法家（といっても、最初から国語学者ではなく、もともと理科系だったが、中年から文法を研究しはじめた人）の文法論を読んだ。

N＝チョムスキーというアメリカ合州国の言語学者は、一般的日本人にはベトナム戦争への反戦運動で知られているが、言語学者や哲学者の間では、いわゆる変形生成文法の創始者としてたいへん名高い。この人の言いだしたことを、少々乱暴ながら一言にまとめると、こういうことである。――これまでの文法は、表面に現れている言葉（表層構造）だけを対象にしていたが、言葉にはその奥に別の構造をもった文法（深層構造）がかくされている。これに注目しないでいて、表層構造ばかり問題にしてもラチがあかない。たとえば、次の二つの文章を比べてみよう。

①小さな子供の学校がある。

②小さな子供の学校がある。

右は二つとも、表層構造は全く区別がつかない。いわゆる文法的にも誤ってはいない。しかし実際には、①は「小さな」が「子供」を修飾し、②は「学校」を修飾しているとすれば、その意味は全く違う。これだけとりだしてみても深層構造はわからないが、前後の文章や、語られるときならその調子などによって、読み手（きき手）には正確に伝えられる。この場合、もし深層構造をより表面に出そうとするなら、②は書きかえて――

子供の小さな学校がある。

とすることができよう。しかし①をそのように変えることはできない。ここに両者の深層構造における文法上の決定的違いが明らかにされる。

……と、まあこういった分析を、もっと徹底的にすすめていったのが「変形生成文法」なのだが、三上章氏は日本語の助詞「ハ」について、その深層構造を独自に掘りさげてゆくところから新理論を提出したともいえよう。その結果到達した一つが「主語廃止論」である。三上氏の文法論は、もちろん完全無欠の域に達したわけではないが、日本語というものの基本的性質を知る上で、たいへん重要な指摘をしたことは否定できない。三上氏によれば、このような「当たり前すぎる」指摘が日本文法界の根幹をゆるがしたのは、これまでの日本文法が西欧文法の直輸入から脱却できていなかったからだ。全く異なるシンタックス（統語法）の主語を土台に発達した文法を、そのまま日本語に強引にもちこんだことに諸悪の根源があるというのである。三上氏のこの主張は、明治以後の日本のさまざまな分野に対しても共通して適用できるだろう。邦楽を西欧音楽のシンタックスで考える愚、日本建築を西欧建築のシンタックスで律する愚、要するに異なった文化を別の文化の基準ではかる愚は、ありとあらゆる分野で行なわれてきた。あの「日本語は論理的でない」という世紀の迷信に、大知識人とされている人物の頭さえ侵されるにいたった現象は、こういう悲劇の結末でもあろう。

たいへん大ざっぱに現状をみると、国語学界の主流としての体制派は「主語存在説」で、反主流が「主語否定説」のようだ。しかし「主語否定説」は時とともにジリジリ勢力を得つつあり、たまたま見た高校生用の文法書にも次のような記述がある。

主語・述語・修飾語……というように文節を分類することに関しては、とかくの批判もある。特に主語については、論議が盛んで、主語というとらえ方を捨てるべきだ、との論が有力になりつつある。すなわち、……（中略）……確かに、現行の主語というとらえ方には、それを必要とするような文法論上の理由が欠けている

（『解明・国文法』文英堂二九ページ）

ただ、ここまで言っておきながら、つづけて「しかし、解釈という立場からすれば……それなりの意義があると考えられる」と、論理よりも権威と習慣（それも明治以後の）を優先してしまった。

また大学生用のテキストとして編集された言語学教科書のひとつに、次のような記述がある。

主題は存在するが主語は存在しない文も、けっしてまれではない。主語は構造上の問題であるから、印欧語における意味の主語は存在せず、主題だけが提示される言語もある。たとえば、中国語における [vnao-tai ʼtɕəŋ]〈頭が痛い〉の [vnao-tai]

〈頭〉は、主題であるが主語ではない。日本語も、多くの文において主語を必要としない。その例は、「明日は曇り、のち晴れでしょう」「熱いコーヒーが飲みたい」など、枚挙にいとまがない。一般に、印欧語における主語は、述語と並んで文構造の二本の柱であるが、その二項対立的関係は他の言語ではかならずしも成立しない点に留意する必要がある。日本語について言えば、文の基本的要素は述語であって、主語は目的語・補語などと同じ資格であり、一種の修飾語と考えることができる。つまり、日本語では、述語が文の中核で、他の要素はすべて、述部という構造に包含される。（樋口時弘ほか『言語学入門』98～99ページ）

主語のない言語は、べつに珍しいわけでもない。たとえば――「これは日本語だけじゃないようで、アルタイ語系統のことばでは、『何々が何々を持つ』という言い方をしないで、『何々に何々がある』という言い方をするようです。それから『誰々が何々をした』と言うよりも、『どこどこで何々があった』という言い方をする。ですから、これは日本語だけの特色とはいえないと思うんですけどね」（大野晋『日本語対談集・日本語の探究』11ページ）。

さらに湯川恭敏『言語学の基本問題』は、フランス語やイギリス語など西欧語では重要な概念たる主語が日本語には存在しないことを、最近の言語学の成果をふまえて徹底的に究明した。それでも現行の中学教科書等で主語が使われつづけている理由は、編集責任者によると、日本語の「主語」が西欧語の場合とは意味内容の異なる別の概念だからとされている。ここでは文法論争にこれ以上立ち入らないが、少なくとも作文技術上では主語は不要なので、本書では使わない。

〔注〕175ページ　梅棹忠夫氏から直接聞いた談話――日本語文法界の現状は、音韻論と形態論については江戸時代からの伝統を継承しているといえようが、品詞分類と統辞論などの主流はほとんどが植民地的であろう。いわゆる「主語」の問題については、ヨーロッパ語の中では英語がとくに主語に重心があるようだ。ロシア語などはかなり無主語的性格がある。フランス語はラテン系の中ではこの点で最も英語的であろう。たとえばラテン語の末裔としてのイタリア語などは、動詞の語尾の中に主語が含まれる形が一般的だ。反対に、英語よりもさらに強力な主語が存在する例はスワヒリ語であろう。主語の支配の及ぶ形態が、動詞はもちろん、前置詞・形容詞・数詞にまで及ぶ。こうした例でみると、主語の存在する言語にもその統語力の強さに大きな違いがあることがわかる。日本語などの言語は、これとは逆の述語中心的グループであって、その中でも日本語は述語の統語力がたいへん強い。したがって述語以外はすべてその補足部として作用することになり、「主語」というものを独立させる意味もなくなってくるのであろう。

1　象は鼻が長い――題目を表す係助詞「ハ」

さて、日本語の助詞「ハ」は、どのような働きをしているのだろうか。三上氏の多数の著作のうち『続・現代語法序説』に出ている説明に私なりの補足をしながら解説してみよう。

あらゆる種類の性格の異なる言語の中で、ここでは主としてイギリス語と比べながら検討するが、イギリス語などはあくまで無数の言語の中のヒトツにすぎない。これがとくに論理的でもなければ、とくにすぐれているわけでもない。現代までの言語帝国主義的国際状勢のおかげでイギリス語が得ている不当に大きい力関係を考えれば、むしろイギリス語は他の言語より非論理的で劣っていると言わなければ平衡がとれないくらいだが、このさい感情に走るのはやめておこう。にもかかわらず、なぜイギリス語を日本語の比較対象に選ぶか。第一にその最大の理由は、日本語文法が西欧語文法に暴行されて出発したという近代の背景があるからである。さきに述べたように、全く異なる統語法、異質の言語体系のために作られた文法を直輸入して当てはめた。日本の場合イギリス語は西欧語の代表格だから、たとえばマレー語やベトナム語と比べて、この問題を検討する上で被告席に立たせるのに適している。第二の理由は、日本語と構文上たいへん違った言語のひとつにイギリス語がある点だ。これはたとえば朝鮮語やアイヌ語と比べるよりも利点が多いだろう。第三に、言語帝国主義における植民地国日本では、フィリピンなどほど徹底した植民地化はまだ進んでいないにせよ、イギリス語（あるいはアメリカ語）が最も普及した外国語とされているために、多くの人に理解されやすい。

まず、次の例文を見ていただきたい。

The man gave the boy the money.

これを日本語に訳すとき、これまでの翻訳の常識では「オトナガ子供ニ銭ヲ与エタ」であった。そして、これが問題なのだが、「オトナガ」を「主語」と規定したのである。しかし、これを「子供ニオトナガ銭ヲ与エタ」としても、日本語ではちっともかまわない。あるいは「オトナガ銭ヲ子供ニ与エタ」でもよろしい。要するに――

オトナガ↙
子供ニ↓与エタ。
銭ヲ↘

という関係が日本語なのだ。つまり「オトナ」「子供」「銭」の三者は、「与エタ」という述語に対して平等の関係にある。言いかえれば、この文章は「与エタ」という述語をめぐる三者の関係を示しているのであって、「オトナ」だけとびぬけて重要な「主語」ではありえない。しかしイギリス語では――

The man gave < the boy / the money.

という関係だから三者は決して平等ではなく、the man が正に主語であり、それは述語のテンス（時制）をも支配して、たとえば三人称単数現在なら s がつく、といった強力な「主述関係」を作る。こういう文法は、なるほど「オトナガ」を強調したいときは便利であろうが、単に「与エタ」をめぐる三者の関係を示すときは、逆に不便であろう。いやでも何でも、どうしても「主語」を出して強調せざるをえない。何かを強調してはならぬ関係のときでも、常に何かひとつを強引にひきたてざるをえない文法というのも、ある意味では非論理的で不自由な話だ。気象や時間の文章で it などという形式上の主語を置くのも、全く主語の不必要な文章に対して強引に主語をひねり出さねばならぬ不合理な文法の言葉がもたらした苦肉の策にほかならない。「形式上のit」はイギリス語があげている悲鳴なのだ〔注1〕。フランス語の主語ilやドイツ語のesも同様である。あえて皮肉をいえば、人類の選択しうるさまざまな言語方式の中から、ああいうシンタックスを選んでしまった民族の帳尻あわせでもあろう。

そこで三上氏は、日本語に「主語」は存在せず、あるのは「主格」にすぎないと主張する。その主格（オトナガ）は、他の格（対格＝銭ヲ、方向格＝子供ニ）と平等な補足語のひとつにすぎず、文の成文の名前であり、構文論的な概念なのだ。そのような各格を、三上文法は次ページの表のように「私案」として示している。このほか「Xト」「Xカラ」などはト格、カラ格としている。このような分類法には異論や問題もあるが、主格はこうした諸格のなかの一つにすぎないことを理解するのがこの場合重要なのだ。

形	名前	イギリス語
Xノ	連体格	genitive（属格）
X	裸か	nominative（名格）
	時の格	—
Xガ	主格	subjective
Xヲ	対格	accusative
Xニ	位置格	locative
Xニ	方向格	dative, ablative, …

そこで出てくるのが、**係助詞「ハ」とは何か**である。三上氏はこれを、**格助詞ガノニヲを兼務する**とみて、**文の題目を示す**ものと規定する。（**「主題」**とか**「提題」**という学者もある。）この「ハ」の問題を追究したのが、有名な『象は鼻が長い』という単行本だが、この兼務と題目の意味を手早く理解するには、やはり『続・現代語法序説』の次の表がいいだろう。「甲ガ乙ニ丙ヲ紹介シタ」という例文から、題目をハによって次々ととりだしてみる。

提示	甲ガ	乙ニ	丙ヲ	紹介シタコト
甲ハ		乙ニ	丙ヲ	紹介シタ。
乙ニハ	甲ガ		丙ヲ	紹介シタ。
丙ハ	甲ガ	乙ニ		紹介シタ。

つまり、甲・乙・丙を題目として提示すると、ガもヲもハが兼務してしまう。ニについては、位置格なら兼務できる（例「会場（ニ）ハ、××会館がヨカロウ」）が、右の「乙ニ」のような方向格だと兼務できず、題目は「乙ニハ」となって格助詞ニが残り、ハは本務としての題目だけの役割を果たす。兼務できる場合は、それぞれの格と題目とを、ハひとつが示している。連体格「ノ」を兼務する例が、かの「象ハ鼻ガ長イ」だ。これは「象ノ鼻ガ長イコト」という無題文から「象」を題目としてとりだしたため、ハはノを兼務しているとする。

たいへんかんたんながら、三上氏の「ハ」に対する考え方と、したがって主語有害説、諸格の関係などを紹介した。もちろんもっと細かな問題もあるが、ここではこれ以上ふれる余裕がないので、関心のある方は三上氏の著作を参照されたい。

では、こうした考え方と「わかりやすさ」との関係は何なのか。

たとえば翻訳の直訳調がわかりにくい理由を考えてみよう。「甲ガ乙ニ丙ヲ紹介シタ」という文は、原語がイギリス語である場合、「甲ガ紹介シタ、乙ニ丙ヲ」という語順になっている。これだけが、イギリス語の唯一の語順だ。そこで未熟な翻訳者は、単に述語をあとに移すだけの操作をして「甲ガ乙ニ丙ヲ紹介シタ」と訳す。もちろん文法的にこれが間違っているのではない。だが、あの第三章「修飾の順序」を思いだしてみよう。

Aが↘
私の親友のCに↓
私がふるえるほど大嫌いなBを↙
紹介した。

これをイギリス語のシンタックスのとおりに並べてゆくと次のようになる。

Aが私の親友のCに私がふるえるほど大嫌いなBを紹介した。

これがすなわち「翻訳調」なのだ。イギリス語のシンタックスを日本語にそっくり移している。いったいどうして、格の順序が別の原則からなっている日本語に、イギリス語の「主語」感覚の語順をそのまま移さねばならぬのか。翻訳とは、二つの言語の間の深層構造の相互関係でなければならない。第二章で「翻訳とは、シンタックスを変えることなのだ」と言ったのは、このような意味である。表層構造をそのまま日本語の表層構造に変えてみたところで、いわゆる文法的には（表層構造上は）正しくても、本当の日本語に訳したことにはならない。自己批判の意味も含めて、私の翻訳書から悪い例文を拾ってみよう。

男たちは突然現われた裸の少年を見て、たいへん驚いた。男たちは少年から、足が四本あって巨大な歯のある奇妙な母親についてきかされた。（本多勝一訳『エスキモーの民話』すずさわ書店・一九七四年）

弁解になるが、この本はまず原文を見ながら私が口述で訳し、テープに入れたものを第三者が原稿に起こしたものである。もちろんそれをさらに私が見て手を加えたが、やはり拙速の感はまぬかれない。多忙で時間的に無理があったとはいえ、こういう方法をとるべきではなかった。もし最初からペンをとっていたら、こんなひどい文章にはならなかっただろう。

この場合の例は二つの文だが、最初の文だけについてみると、まず最もかんたんな深層構造を表面に出して無題化（題目なしの形）すれば、これは次のような意味である。

　突然現われた裸の少年を男たちが見てたいへん男たちが驚いたこと。

原文の大黒柱としての「驚いた」という述語は、次の三つの言葉を受けている。

　　　　　　　　　男たちは↙
　突然現われた裸の少年を（男たちが）見て↓驚いた。
　　　　　　　　　たいへん↘

さきの「ハの兼務」の考え方からすれば、この場合は二つの主格「ガ」を兼務している。つまり「（男たちが）見て」のガと「男たちが驚いた」のガだ。

以上の分析をへた上で、語順をどうすればよりわかりやすくなるかを検討してみよう。日本語の格はすべて平等で、修飾の順序は第三章のような原則によるのだから、あの「長い順」にしたがって「ハ」なしの無題文を作ると——

突然現われた裸の少年を男たちが見て男たちがたいへん驚いた。

となる。そこで「ハ」を使って二つの同じ主格を一つに吸収・兼務させるとき、どちらを消すべきか。二例ともあげてみると——

Ⓐ突然現われた裸の少年を男たちは見てたいへん驚いた。

Ⓑ突然現われた裸の少年を見て男たちはたいへん驚いた。

表層構造としての文法的にはもちろんどちらも誤りではない。しかし読者にもすでに明らかなように、Ⓑの方がすぐれた文章である。なぜか。それは、この文章の述語が「驚いた」であって、「見て」ではないからである。大黒柱としての「驚いた」には、題目としての「男たちは」がかかる。「見て」にかかるのは、題目ではなくて主格だけ（「男たちが」だけ）なのだ。（このあたりを三上氏は「題述関係」と呼ぶ。もちろん「主述関係」とは次元が違う。）そうであれば、まず第二章の原則（修飾する側とされる側の距離）によって、題目と述語とは近い方がよい。また第三章の原則（長い順）でも「男たちは」はあとがいい。したがってⒶよりⒷの方がよくなる。もし「男たちは」を強調したければ、次のように最初にもってきて逆順とし、テンをうつことになる。

Ⓒ男たちは、突然現われた裸の少年を見てたいへん驚いた。

以上三例のうち最良としてのⒷの場合、「男たちは」のハは、その前の「見て」に深層でかかっている主格「男たちが」をも兼務していることになる。すなわち「ハ」は決して語順上あとにくる格を兼務するだけでなく、前のものも兼務できるのである。これに似た用法をイギリス語でいえば分詞構文であろう。たとえば Seeing a lion come out, he ran off.（ライオンの出てくるのを見て、彼は走り去った＝長野県飯田中学（旧制）『Essentials in English Study』〈英文集〉から）

こうした語順の文章はいくらでも例がある。いくつかあげてみよう。

「冷戦と反共」のレトリックは放棄され、対中接近と対ソ・デタントによって現状の維持がはかられた。「世界帝国」と区別不可能なほど同一化していた「アメリカ合州国」をひとつの国家としてもう一度分離しようという方向を**それは**はらんでいる。（武藤一羊「アメリカに何が起きているか」『潮』一九七六年四月号128ページ）

基地のたたずまいを眼にすると、こういったもろもろが、重なり合ってよみがえってくるから、立川や座間の近くを通りかかる時、**ぼくは**強いて顔をそむけた。（野坂昭如『敵陣深く』134ページ）

他の六人——夫・長男の嫁・次男の嫁・三人の孫——が殺されながら、**二人は**こうして奇跡的に難をのがれた。恐怖にふるえながら、**ドアンさんは**そのまま死体にうまってじっとしていた。米兵たちが去り、夕方の涼気が虐殺舞台にしのびよるころまで、**二人は**動かなかった。（拙著『再訪・戦場の村』朝日新聞社218ページ）

以上いずれも、ゴチックで示した題目はその文の冒頭に置いてもよいはずだが、ずっと後に置かれている。三番目の実例は三つの文から成るが、最初の「二人は」はもっとあとに移して「難をのがれた」と直結してもいいし、次の「ドアンさんは」もあとに移して「じっとしていた」と直結してもよい。その方がよりよいかもしれない。

この原理は、長い文をわかりやすくする上でたいへん利用価値がある。文は長ければわかりにくく、短ければわかりやすいという迷信がよくあるが、わかりやすさと長短とは本質的には関係がない。問題は書き手が日本語に通じているかどうかであって、長い文はその実力の差が現れやすいために、自信のない人は短い方が無難だというだけのことであろう。

189ページの例文の後半は、やはり「男たちは」が題目だが、この「ハ」が兼務する格は「きかされた」にかかる主格「男たちが」だけである。単に題述関係を近づけるだけでは、これは良い日本語にならない。原文が受け身になっていたのを、そのまま「きかされた」と訳したことによる悪文といえよう。これはたとえば「かれらが少年からききだしたのは、足が四本もあって巨大な歯のある奇妙な母親の話だった」とか「四本の足と巨大な歯を持つ奇妙な母親の話を男たちは少年からきいた」「少年はかれらに、四本の……母親について語った」「四本の……母親について少年は男たちに話した」とでもすれば改良される。

「ハ」という係助詞の日本語における役割を考えるための比喩として、よく使われる一次的語と二次的語の異言語間の比較が参考になるかもしれない。たとえば魚について深い関係を持つ日本人は、ブリという一種類の魚について、その成長段階に応じてシオワカナ・ツバス・ワカナ・ハマチ・メジロ・モンダイ・ブリ（明石地方の場合）という一次名詞で呼びわける。だが他の多くの言語にとっては、ブリ以外のすべて（シオワカナからモンダイまで）は「ブリの子」とか「ブリの稚魚」「若ブリ」といった二次名詞でしか表現できない。反対に、日本語では雪のさまざまな現れ方を「コナ雪」「ボタン雪」といった二次名詞で表すが、エスキモー語だと雪を実にさまざまな一次名詞で表すことができ、「降っている雪」「地面に積もっている雪」といった状態までも一次名詞で細分されている。アイヌ語には「干してあるシシャモに降りつもる雪」の一次名詞さえある〔注2〕。かつて私が訪ねたアラビア半島の遊牧民ダワシル族は、ラクダについておそらく一〇〇以上の一次名詞をつけていて、成長段階別だけでも十数種に達した。

右のような事実は、たとえば「日本語はサカナについて厳密な分け方をしているが、ラクダや雪については粗っぽい表現しかできない」とか「エスキモー語は雪について驚異的な厳密さを表すが、魚については単純な表現しかできない。ラクダにいたっては言葉もない」といったかたちで認識することもできるだろう。しかしこれは正確な説明とはいえない。たとえば「ハマチ」という日本語をアラビア語なりエスキモー語なりで表現するとき、単にそれは「一次名詞による表現ができない」にすぎず、「ブリの孵化後何年目の云々」とすれば正確に表現できる。もし「ブリ」というアラビア語がなければ、それさえも図鑑のように延々と説明すればいい。ということは、「ハマチ」をめぐる日本語とアラビア語の関係は、深層構造と表層構造の関係に当たるともいえよう。同様にたとえばアラビア語の一次名詞「バカラ」は、その深層を表層化すれば「生後四年までのメスのラクダ」ということだ。同じ言語の内部でも「辞書」(イギリス語なら「英英辞典」)がその関係の集成であろう。

さて、名詞についてのこのような異言語間の関係は、動詞でも形容詞でも、そして文章表現全体——結局はシンタックスにおいても同様である。三上章氏が示した次の例は、日本語とイギリス語との、ブリとハマチ的関係を「ハ」と「ガ」について示している。

Henry has arrived.

これはイギリスの yellowtail (ブリ) みたいなものだ。yellowtail をもし厳密に日本語訳すれば、それはシオワカナ以下ブリまでの七つの表現になってしまう。同様に Henry has arrived. は日本語だと次のような区別が表層化してくる。

①（問「ヘンリはどうした？」）
――ヘンリは到着しました。（顕題）
②（問「だれが到着した（んだ）？」）
――ヘンリが到着したんです。（陰題）
③（問「何かニュースはないか？」）
――ヘンリが到着しました。（無題）

陰題の②は語順を逆にして「到着したのはヘンリです」とすると顕題化するが、無題の③はこれができない。イギリス語と同じことがフランス語でもいえるとして、川本茂雄氏が右の三例を次のように訳している。

①Qu'est-ce que devient Henri?
――Henri est arrivé.（Henri, il est arrivé. もしくは Il est arrivé, Henri.）

②Qui est arrivé ?

——Henri est arrivé. (C'est Henri qui est arrivé.)

③Y a-t-il quelque chose de nouveau ?

——Henri est arrivé.

つまり日本語では三通りの表現が、フランス語だと全部 Henri est arrivé. だけになってしまう。「主述関係」としてのイギリス語やフランス語を、もしそのままのシンタックスで日本語に強引に訳すと、たとえばハマチをワカナと誤訳するような結果に陥るだろう。反対のことがフランス語の動詞変化についていえる。たとえば Henri est arrivé. と Henri arriva. の二つの時制は、日本語にすると形の上ではひとつの過去形になってしまう。

日本語で「ハ」にすべきか「ガ」にすべきかといった問題は、このように言葉の死命を制する。だから第一級の文章家たちは、ハとガの使い方が必ずうまく、論理的で、その結果リズムに乗っている〔注3〕。

以上で係助詞「ハ」の題目としての役割と、それに関連する格助詞「ガ」についての「わかりやすさ」のための検討を終わる。しかし「ハ」と「ガ」に関する文法的考察となると、たとえばここにあげた三上氏の考え方を全面的に支持する人から、反対に全力を傾注して黙殺を試みる人まで実にさまざまである。素人の私がこの問題に深入りしたくはないが、そのようにまだ評価のわかれている三上説をここで重点的にとりあげたのは、これまで述べてきたような意味での「わかりやすくて論理的な日本語」を考える上で、この文法論はたいへん参考になり、実践的だったからである。私たちジャーナリストのような、文章のいわば「現場」にいる者にとって、自分の毎日書きとばしている日本語の文章がどのような性格のものであるかを知るには、ある仮説が出た場合にそれを徹底的に使ってみることが第一だ。三上氏の「主語廃止論」は、私の考えてきた「わかりやすさと論理性」を実践する上でたいへん役立った。三上文法に対して黙殺する側の文法書もいくつか見たが、これは現場の実践には大して役立たないように思われた。なぜだろうか。

〔注1〕　185ページ　ある中学生用国文法書を見ていると、「主語」の項目に次のような説明があった。――「『rain』という単語は、それだけで『雨が降る』という意味をもっている。それなのに英語では、わざわざ、その前に『it』という主語をつけて、『It rains.』とする。見たところ、主語がなくとも意味はわかりそうなものだが、それでも主語をつけるのである」（鷺書房『パタ

ーン式中学国文法』から)。

イギリス語の悲鳴に気付いたよい説明なのだが、もう一歩すすんで「日本語では主語は不要(むしろ有害)で主格があるだけ」というところまで論理的にふみこめないので、書いた当人が当惑している様子がにじみ出ている。

〔注2〕195ページ　一次名詞・二次名詞という分け方も、厳密に境界があるわけではないだろう。たとえばヒゲは二次名詞くさいが、常識的には一次名詞と思われる。また「サケのタマゴ」をイクラといえば一次名詞、「ニシンのタマゴ」をカズノコ(数の子)といえば二次名詞になろうが、カズノコという単語にはニシンの痕跡が全くない点で、機能としては一次名詞とみてもよい。ボラの子のスバシリ、ブリの子のシオワカナやモンダイも同様だ。ここであげたアイヌ語の例もこの意味である。すなわち萱野茂氏によると、「雪」のアイヌ語はウパシだが、語源的には、これはウ(たがいに)パシ(走る)ということで、ゆっくり空中を舞いながら、たがいに競争するように交差して走って降る様子を実にうまくあらわしている。そして「すくいあげたシシャモに降りつもる雪」はトイカラリプといい、トイ(土)カ(上)ラリ(押さえる)プ(もの)ということの言葉の中には「シシャモ」も「雪」も含まれない。これは川からすくって岸辺の土の上に積みあげたシシャモの上に降る雪のことを指し、毎年必ずきまったとき川をさかのぼるシシャモの季節、すなわち一一月はじめの雪を意味する。このころには、それまでチラついていた雪が、そろそろ地表を白くおおうほど積もりはじめるようになる。さらに、このシシャモをメザシにして棚状に干してあるところへ降る雪を「サン(棚)カラリプ」という。また、さきのトイカラリプのとき雪とともに鳴る秋雷をカムイトラプという。この点エスキモー語になると、機能はもちろん

形態の上でも雪にまつわる多くの一次的語があるようだ。aniuk（水にとかすための雪）、massak（水気のまじった雪）、ayak（着物や靴についた雪）等々（Arthur Thibert, *English-Eskimo Eskimo-English Dictionary*, 1958, Ottawa）。

〔注3〕198ページ「ハ」と「ガ」についてさまざまな用法を整理した研究として、私の見たせまい範囲では久野暲『日本文法研究』がたいへん参考になったが、ここでは「ハ」の題目（主題）としての用法に問題点をしぼった。また川本茂雄『ことばとこころ』の「『が』と『は』の対比」は、日本語のハの重要な性格について適確に説明している。

2　蛙は腹にはヘソがない――対照（限定）の係助詞「ハ」

同じ係助詞「ハ」のもうひとつの用法に、対照または限定の役割がある。しかし題目にせよ対照にせよ、あるものを「とりだす」点で共通だから、ひとつの「ハ」が双方の役割を兼務することも珍しくない。どちらとも解釈できる場合もある。

蛙《かえる》は鳴く。

この「ハ」は「蛙というものは鳴くものである」という蛙についての陳述をあらわす

題目ともとれるし、たとえば「蛙は鳴くが、ミミズは鳴かない」という意味でミミズと比較しての対照ともとれよう。このような対照（限定）の「ハ」は、論理を明快にすすめる上で題目の「ハ」に劣らず重要だから、ややくどく分析してみることにする。第一章で紹介した大橋保夫氏（フランス文学）は、同じ文章の中で次のような興味あるエピソードを書いている。

「蛙《かえる》の腹にはヘソがない」という文を仏訳してもらうとします。《La grenouille n'a pas de nombril au ventre.》というのが、まず大多数の学生諸君の答えです。ところがこれはまちがいで、このフランス語だと、蛙は腹にはヘソがないけれど、背中か頭のテッペンか、どこか別のところにはあるようにきこえるのです。

正解は《La grenouille n'a pas de nombril.》です。つまり日本人にとっては、「腹には」があれば、問題のヘソのあり場所である蛙の腹のイメージが具体的に頭に思い浮かんでハッキリしこそすれ、「背中か頭にはあるのか?」というような疑問は、ふつうはおこりません。ところがフランス人は、au ventre と言うかぎり、au dos, à la tête など、潜在的にそれと並び、選択の対象になりうる他の項目と対比して、文中で au ventre という要素が果たす役割を考えるのです。（『ふらんす』一九七四年五月

号）

この話が私にとっておもしろく思われるのは、フランス語と日本語との「違い」の点からではなく、むしろ両者の共通性からである。なぜか。ここで「大多数の学生諸君」がフランス語訳するという文章 La grenouille n'a pas de nombril au ventre. を、逆に日本語に訳してみよう。もし論理的に正確を期するならば、それは「蛙の腹にはヘソがない」ではなく、「蛙は腹にはヘソがない」となるはずだ。そうであれば、「蛙の腹……」として「大多数の学生諸君」が訳したフランス語は、当然まちがっていることになる。つまり「大多数の学生諸君」は、フランス語以前にまず日本語の理解ができていなかったのではなかろうか。助詞の使い方によっていったい何がどう違うのかを検討してみよう。

Ⓐ蛙の腹にはヘソがない。
Ⓑ蛙は腹にはヘソがない。

まずⒶを考えてみると、ここには「ハ」が一個しかなく、これを題目（主題）として考えれば「蛙の腹というものにはヘソが存在しないのである」となり、「蛙の腹」についての陳述をしていることになる。しかしヘソというものは常に腹にだけあることが予備知識でわかっているのだから、これはフランス語に限らず日本語としても「腹」が余分であり、無用の情報であろう。つまりは「蛙にはヘソがない」とすべきなのだ。ただこれは、腹にはヘソがあるものという常識を破るおもしろい典型として蛙が選ばれ、そのためにわざと「腹」が加えられた慣用句であるところに問題がある。ミミズもトカゲもヘソはないが、ミミズの腹ではまるで腹らしさがない。蛙だと腹や四肢の格好が人間的(?)なので、ヘソのないことがミミズなどよりも生々しくておかしい。そのようなおかしみを出した特殊なきまり文句である。そうであれば、これはフランス語と日本語の性格を比較する上では良い文例とはいえないことになろう。しかし日本語の助詞の性格を考える上では好例かもしれない。

たとえば同じⒶにしても、この「ハ」が題目ではなく対照をあらわすと考えることも可能である。その場合だと「蛙の腹にはヘソがない。カッパの腹にもヘソがない。タヌキの腹にはヘソがある。パンダの腹にもヘソがある」というように、潜在的に他の動物の腹と比較していることになる。ただそのような場合は、孤立した文としてはやや不自然な解釈になろう。あくまで文法上での話だ。

それではⒷだとどうなるか。こんどは二個の「ハ」があって、この場合だとはじめの

「ハ」は題目、あとの「ハ」は対照をあらわしている。すなわち「蛙というものは、腹にはヘソがないけれども、他のどこかにはある」という意味だ。これだとフランス語訳のとき、au ventre を使った場合と全く同じではないか。

では、同じ例文で、「ハ」の位置をいろいろに変えてみたらどうなるだろうか。しかしこうした例文だと、蛙はヘソがないという常識（予備知識）に邪魔されて助詞の論理を純粋に考えるには不適当である。慣用句でなくても、たとえば「パンダの足にはミズカキがない」の場合、ミズカキというものは足や手にあるものという予備知識が邪魔になる。そこで単に記号として比較してみると――

㋑AのBにCがない。　↓ハがゼロ
㋺AはBにCがない。
㋩AのBにはCがない。
㋥AのBにCはない。
（㋺〜㋥）ハが一個

㋭AのBにはCはない。
㋬AはBにはCがない。　ハが二個
㋣AはBにCはない。

右の各文の意味を以下に考えてみよう。ハという係助詞に二つの意味があることを機械的に適用すると、形としては次のような組み合わせが考えられる。（P・Q・Rはそれぞれ A・B・Cの対照として潜在するものとし、対照関係を太字で示す。）

〈ハがゼロの場合〉
(イ)状況を単に報告している無題・無対照文。
〈ハが一個の場合〉
(ロ)
a（題目）AというものにはBにCがないものだ。

b（対照）**Aは**BにCがないが**Pは**（BにCが）ある。
(ハ)
a（題目）AのBというものにはCがないものだ。

b（ABとも対照）**AのBには**Cがないが**PのBには**（Cが）がある。

ⓒ（Bだけ対照）Aの**Bには**Cがないが（Aの）**Qには**（Cが）ある。

(ニ)
a（題目）AのBにCというものはないものだ。

b（対照）AのBに**Cは**ないが**Rは**ある。


〈ハが二個の場合〉

(ホ)
a（Bが題目、Cが対照）AのBには**Cは**ないが**Rは**ある。

ⓑ（Cが題目、Bが対照）Aの**Bには**Cはないが、（Aの）**Qには**Cはある。

ⓒ（ABとも対照、Cが題目）**「AのB」には**Cはないが**「PのB」には**Cはある。

(ヘ)
a（Aが題目、Bが対照）Aは**Bには**Cがないが**Qには**（Cが）ある。

ⓑ（Aが対照、Bが題目）**Aは**BにはCがないが**Pは**（Cが）ある。

(ト)
a（Aが題目、Cが対照）AはBに**Cは**ないが**Rは**ある。

ⓑ（Aが対照、Cが題目）**Aは**BにCはないが**Pは**（Cが）ある。


さて、ハが二個の場合だと、前後の文脈なしにはどちらが題目でどちらが対照かわからないという問題が起きる。この点について三上章氏は「先にある方が題目、あとが対照」として次の例で説明している。即ち「ドウダ、一ショニ行カナイカ?」と誘われたときの二通りの拒絶として——

Ⓐ今日ハ僕ハ行ケナイ。
Ⓑ僕ハ今日ハ行ケナイ。

を比較すると、Ⓐは「今日ハ諸君ダケデ行ッテクレ」（「僕ハ」を否定）の意、Ⓑは「僕ノ都合ノック他日一緒ニ行キタイ」（「今日ハ」を否定）の意を汲むことができる（『三上章論文集』五〇ページ）。

これはしかし「傾向」であって「原則」とまではいえないようだ〔注1〕。たとえば「自民党トハ我ガ党ハ相容レナイ」というとき、「自民党トハ」の方を対照とみることも可能であろう。しかし題目ともとれるから、これには次の二つの解釈ができる。

Ⓐ自民党とは我が党は相容れないが、民社党なら（自民党と）相容れる。（「自民党トハ」が題目）
Ⓑ我が党は自民党とは相容れないが、社会党となら（我が党も）相容れ得る。（「我が党」が題目）

したがって文だけでは区別できず、前後の文脈で考えなければわからない。しかし会話として語られるのであれば、対照の方を高いイントネーション（あるいはプロミネンス＝強調）にして発音することで区別できる。実際それは会話の中では一般に行なわれていることである。だが文章となると注意しなければ誤解を招くことになりかねない。原則ではないが、より誤解を招かぬためには、やはり題目を先にし、対照をあとにする方が「より良い」傾向がある。この理由で、さきの㋭㋬㋣の意味（a・b・c）のうちマルかこみ字のもの（ⓑとⓒ）はできれば避ける方が「より良い」ことになろう。そこでさきの㋬ⓑを「より良く」改良すれば――

㋬ⓑ　**A**は**B**には**C**がないが**P**は（Cが）ある。
（訂正の一）Bには**A**は**C**がないが**P**は（Cが）ある。
（訂正の二）**A**はBにCがないが**P**は（BにCが）ある。

これをもとの㋬に反映させると――

㋠BにはAはCがない。

という一文が、普通の文として最もよいことになる。そうであれば㋭㋬㋣というハが二個の文の意味は、普通の文としてはそれぞれ(ホ)a、(ヘ)a、(ト)aの各ひとつずつが相当することになる。したがって㋭㋬㋣の各文は論理的にもより正確な表現方法だといえよう。

以上の検討結果を「蛙の腹……」に適用してみる。

(い)蛙の腹にヘソがない。　↓ハがゼロ

(ろ)蛙は腹にヘソがない。
(は)蛙の腹にはヘソがない。
(に)蛙の腹にヘソはない。
} ハが一個

(ほ)蛙の腹にはヘソはない。
(へ)蛙は腹にはヘソがない。
(と)蛙は腹にヘソはない。
} ハが二個

(ち)腹には蛙はヘソがない。　↓「腹」が題目右のそれぞれの意味――

〈ハのない場合〉

ⓘ無題・無対照の報告。

〈ハが一個〉

ⓡ｛a蛙というものには腹にヘソがないものだ。
b**蛙は**腹にヘソがないが**タヌキは**（腹にヘソが）ある。

ⓗ｛a蛙の腹というものにはヘソがないものだ。
b**蛙の腹には**ヘソがないが**タヌキの腹には**ヘソがある。
ⓒ蛙の**腹には**ヘソがないが（蛙の）**背中には**（ヘソが）ある。

ⓝ｛a蛙の腹にヘソというものはないものだ。
b蛙の腹に**ヘソは**ないが**イボは**ある。

〈ハが二個〉

ⓗ蛙の腹には**ヘソは**ないが**イボは**ある。

㋬蛙は**腹には**ヘソがないが**背中には**（ヘソが）ある。

㋣蛙は腹に**ヘソは**ないが**イボは**ある。

〈「腹」が題目の場合〉

㋠腹には**蛙は**ヘソがないが**タヌキは**ヘソがある。

以上の各例文を比較してみると、ハを二個使うことによって成立した㋭㋬㋣の三例と、ハを一個使うときの㋺㋩㋥と意味の同じものがある。とくに問題なのは、三つもの解釈が可能な㋩であろう。㋩の中でも対照のとり方によって違うⓑとⓒが焦点である。これは論理としてはどちらも矛盾していない。ところが、これもハが二つの場合同様、両者は語られるときにイントネーション（調子）の差として違いが出てくる。すなわちゴチックで示されたところを高く発音することによって、何を対照としているのかが明示される。もしⓒ（腹には）の意味であれば、㋩と㋩は次のように発音されなければならない。

㋩Aの**B**に**は**Cがない。

ⓗ蛙の**腹には**ヘソがない。

しかもこの場合だと、ハは題目の役割が消えて対照だけになるから、解釈aはできなくなる。そうであれば「蛙の腹にはヘソがない」(最初の例文としてのⒶまたはⓗ)という文を普通に発音するものとして考える限り、ⓒの解釈は不適当であろう。ここでcをⓒとマルかこみ字にした所以《ゆえん》である。

かくて冒頭のⒶとⒷを比較するための検討は終わった。すなわち、Ⓐの正確な意味としてはⓗのaとbしかなく、Ⓑの正確な意味としてはⓗしかない。そしてⒶで意図したのがb(タヌキの腹には……)ではない以上、Ⓐの意味はⓗa(題目のハ)以外には考えられない。したがって冒頭の引用で「大多数の学生諸君」が作文したフランス語の日本語訳としては、Ⓑすなわち「蛙は腹にはヘソがない」が最も正確である。(げんに大橋氏自身が引用文〈二〇二ページ八行目〉の中でそのように正解を書いている。)

以上の検討によって、対照(限定)の「ハ」は論理を正確に(わかりやすく)する上でたいへん重要な役割を果たすことが理解されよう。とくに否定の動詞の意味をハッキリ限定させる上できわめて重要である。たとえば——

(Ⅰ)彼は飯《めし》をいつも速く食べない（ハなし）。
(Ⅱ)彼は飯をいつもハ速く食べない。
(Ⅲ)彼は飯をいつも速くハ食べない。
(Ⅲ)′彼は飯をいつも速くハ食べない。

(Ⅰ)は「例外なく常に遅い」ということで無対照。(Ⅱ)のハによって「ふつうは遅いが、例外がある」ことを示す。(Ⅲ)だと「ふつうは速いが、常に速いというわけではない」ことになる。しかし同じ書き表し方でも(Ⅲ)′のようにハが「速く」だけに付くのであれば「ふつうか遅いか」ということで「少なくとも速くはない」の意味になる。(Ⅰ)と似ているようだが、(Ⅰ)には「ふつう」よりも「遅い」方（「速い」の反対）が意識され、(Ⅲ)′だと「速い以外」のすべて（ふつう・やや遅い・遅い・うんと遅い）と対照される。こういうときは、書き表された表層構造では(Ⅲ)と(Ⅲ)′とで区別がないが、発音上では傍線の部分にプロミネンス（強調）を置くことの違いとして区別できる。だが(Ⅲ)を言おうとして(Ⅲ)′ととられることもあるから、そんなときは文章を書きかえる方がよい。たとえば(Ⅲ)′は

——

Ⅲ″彼はいつも飯を速くハ食べない。

として、ハが「速く」だけに付くことを明確にし、「いつも」を前にもってきて切り離せば解決する。

しかし一般的によく失敗するのは、Ⅰを書いて当人はⅡかⅢのつもりでいる場合だ。こんなかんたんな例なら見わけやすいが、少し複雑になるとついこの関係を見落とす。そのいい例が第二章の最後であげた次の例文であろう。

運輸省の話では、シンガポール海峡は、東京湾、瀬戸内のように巨大船の航路が決められ、対向船が違うルートを運航するよう航路が分離されていない。

これはいったい、東京湾と瀬戸内海は航路が分離されているのか、いないのか、どちらだろうか——と考えたとき、事実が「分離されている」ことを知れば、第二章のように修飾・被修飾の関係をくっつけて入れ子をはずすのも一方法である。しかし、たった一字でこの文章を論理的にすることも可能なのだ。それがハを加える方法である。

運輸省の話では、シンガポール海峡は、東京湾、瀬戸内のようには巨大船の航路が決められ、対向船が違うルートを運航するよう航路が分離されていない。

こうすれば「東京湾、瀬戸内のようには」が「分離されていない」という否定の動詞とセットになっていることが判然とする。ということは、この文は「ハ抜け」の欠陥品だということ、明らかに非文法的な文、間違った日本語であることを意味する。第二章で「修飾する側とされる側の離れすぎのほかに、もっと重要な助詞の問題もからんでいる」（四六ページ）といったのは、このことを指す。「わかりにくい」という程度のものではない。私自身もついやってしまった例を見つけたので、恥さらしをしてみよう。

（メコン＝デルタでは）日本のようにガラスやブリキの破片がころがっていることはないので、（ハダシでも）思ったよりケガの危険は少ないものです。（「南ベトナムを取材して」『朝日人』一九六八年一月号）

これだと、日本はガラスやブリキの破片がころがっているのか、いないのか、わからない。私たちは常識的に考えて、日本は「ころがっている」と判断するが、たとえばエチオピアだったらどうなのか迷ってしまうだろう。「日本のようには」としてハを加えればこの誤解は避けられる。これは最初に発表したときの文なので、単行本（のち文庫版）収録にあたってはさらに改良して次のようにしたが。

　ガラスやブリキの破片がころがっているようなことは日本と違ってほとんどないので、思ったよりケガの危険は少ないものです。（拙著『職業としてのジャーナリスト』朝日文庫）

　この限定のハと否定の動詞との必須のセットは、常識としての内容が論理をつい食ってしまって忘れやすい。とくにさきにあげた「いつも速く**ハ**食べ**ない**」「いつも**ハ**速く食べ**ない**」のような、量的に全部か一部かを示すときの「ハと否定」は、ちょっとした誤りが重大な意味の違いをもたらすから、くれぐれも注意したい。

　ところで、「ハ」が三つ以上になればどうなるだろう。もし「一つの文には、ただ一個の主題しか現われ得ない」（久野暲氏〔注2〕）とすれば、あとはすべて対照になるから、たとえば久野氏があげている次の文（『日本文法研究』三一ページ）――

私は週末には本は読みません。

これなどは「私は」以外の二つのハが対照だが、何が対照なのかこのままではわかりにくい。これでもすわりがいいのは、「週末には」の比較対照の相手として「ウイーク＝デイ」が容易に想像されるからだろう。しかし孤立した文であれば、論理としては「週末には」か「本は」かどちらかのハを消すべきであろう。そうでなければ、潜在する対照語に何があるのかハッキリしなくなり、それだけわかりにくくなる。つまり――

私は**週末には**本を読みません。
私は週末に**本は**読みません。

のどちらかにする方が孤立した文としてはより正確であり、従ってわかりやすい。もし「週末」も「本」もセットとして否定したいのであれば――

私は週末の読書はいたしません。

と、ハを共通因子として一つにまとめる方が「良い（正確な）日本語」である。ハを四つにしてみよう――

私は三年前までは週末には本は読まなかった。

さらにハを五つにすることもできる。きりがない。――

私はフランスでは三年前までは週末には本は読まなかった。

この文に潜在する対照語をすべて浮上させると、たとえば次のページのようになる（ゴチックは原文）。

このように、対照のハは言葉の上ではいくらでも重ねることができようが、それだけ潜在する情報が幾何級数的にふえてゆくので、論理の上での不明度も急カーブで増大する。したがって正確な日本語のためには、**ひとつの文（または句）の中では三つ以上のハをなるべく使わない（二つまでとする）**のが、原則とはいえないにせよ「より良い」

- **私は**
  - **フランスでは**
    - **三年前までは**
      - **週末には**
        - **本は読まなかったが**
        - 新聞は読み、
      - ウイーク＝デイには
        - 新聞は読まなかったが
        - 雑誌は読み、
    - 三年前からは
      - 週末には
        - 新聞は読まなかったが
        - 雑誌は読み、
      - ウイーク＝デイには
        - 雑誌は読まなかったが
        - 本は読み、
  - 日本では
    - 去年までは
      - 週の前半は
        - 本は読まなかったが
        - 新聞は読み、
      - 週の後半は
        - 新聞は読まなかったが
        - 雑誌は読み、
    - 今年からは
      - 週の前半は
        - 新聞は読まなかったが
        - 雑誌は読み、
      - 週の後半は
        - 雑誌は読まなかったが
        - 本は読んだ。

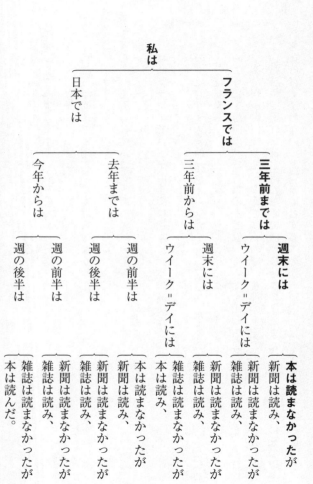

といえるだろう。もし対照の相手がはっきり出ているのであれば、むろんその限りではなく、いくらハを重ねてもよいが。

係助詞「ハ」については、以上の二つの用法（題目と対照）のほか、厳密にはさらに「動作・作用の行なわれる事態の提示」（例――そんなことがあっては大変）とか「否定の意味の語を伴なっての否定的主張」（例――決して毒ではない）「譲歩」（例――明るいニュースではあるが、しかし）「接続の強調」（例――ないしは）など（永野賢『現代語の助詞・助動詞』）もあるが、広い意味ではこれらも対照の変異の幅に含めてもよく、作文技術として特にとりあげるべき問題は少ないと思われる。

〔注1〕208ページ　これについては北原保雄氏が岩波講座『日本語』の「文の構造」で久野暲氏『日本文法研究』と本多の旧版『日本語の作文技術』とを批判するかたちで、原則とはいえないことに触れている。（『言語』一九七七年四月号の本多勝一「『日本語の作文技術』をめぐって」の中で北原氏の論稿のこの部分を引用した。のち単行本『貧困なる精神・第7集』すずさわ書店に収録。）

〔注2〕217ページ　一つの文に主題が一個だけとする久野氏の考え方には、前記〔注1〕の北原論文で「二個以上もありうる」と反論している。これはさらに検討の余地があるかもしれない。

3 来週までに掃除せよ——マデとマデニ

まず次の例を見ていただきたい。

外から店へ帰って来てみると、留守中に保健所員が衛生検査に来て、二匹いる飼いネコをこんど自分が来るまで始末しておけと言ったそうだ。まるで戦前の憲兵を思い出す。(『朝日新聞』一九七一年二月七日朝刊「声」欄)

この文の筆者は、次の二通りの意味のどちらを表現したかったのであろうか。

Ⓐ保健所員が次回にまた訪ねてくるから、そのときには既にネコが始末されてしまっているようにせよ、と言われた。

Ⓑ保健所員が次回にまた訪ねてくるが、今からそのときまでの間だけ始末しておき、以後はまたネコを元通りに置け、と言われた。

小学生の国語の問題みたいだが、筆者はもちろんⒶを表現したかったのだろう。しかしこの文章ではⒷになってしまう。文法的に全く逆になるのだ。筆者は「来るまで**に**始末……」と書けばよかったのである。

「マデ」と「マデニ」の区別。この大変な違いのわからないオトナが案外たくさんいるようだ。これは一体、最近のことなのだろうか。こういう人々は次の二つの文章の違いも区別がつかないはずだ。

Ⓒ来週までに掃除せよ。

Ⓓ来週まで掃除せよ。

Ⓒは一週間の余裕をもってその間に一度掃除すればいいが、Ⓓはなにか刑罰みたいに一週間掃除しつづけることを意味する。

官庁の文書にもこのひどい間違いは目につく。――

ご記入いただきましたアンケート用紙は、同封の返送用封筒をご使用の上、恐れ入りますが、12月24日までご投函下さるようお願い致します。（建設省住宅局の調査票・一九八〇年）

右によれば、記入したアンケート用紙は一二月二四日まで毎日ポストに入れつづけることになる。いや「毎日」かどうかわからないから、ポストの前で何十枚もの用紙をドンドン入れつづけることか。これは「……二四日までに……」としなければ意味をなさない。

限定の範囲の異なる助詞の使用法を誤ると、このようにたった一字で論理の重大な食い違いを生ずるので注意されたい。久野暲氏はマデ・マデニ・マデデの三つを次の好例によって区別する（『日本文法研究』）。

列車ガ名古屋ニ着ク｛マデ／マデニ／マデデ｝雑誌ヲ読ムノヲヤメタ。

マデは動作の継続をあらわす動詞を必要とするから「読ムノヲヤメタ」は「読むのをさしひかえ続けた」の意味、マデニはある動作が行なわれる最終期限（締め切り）をあらわすから「名古屋に着く以前に読むのをやめた」の意味、マデデは何かをある点まで続けて、その点で終了することをあらわすから「名古屋に着くまで読み続け、着いたときにやめた」意味となる。もうひとつ「マデハ」を加えてみると、ハという限定の助詞によって「名古屋に着くまでの間は読まなかったが、そのあとからは読んだ」（または「少なくとも名古屋までの間は読まなかった。そのあとは別として」）となろう。

奥津敬一郎氏は「マデニ」を「マデ」と「ニ」の二つの助詞にわけて次のように論じている。

(A)夏休ミノ間　論文ヲ書イタ
(B)夏休ミノ間ニ　論文ヲ書イタ

(A)の「書イタ」という動作は継続的で、夏休みの間続いたのであり、(B)では瞬間的であって、夏休みの始めから終りまでの間の或る時点で「書ク」という動作が終ったことを示す。つまり「夏休ミノ間」は期間を表わし、「夏休ミノ間ニ」は時点を示すのであり、このちがいは期間を表わす名詞「夏休ミノ間」に、助詞「ニ」がつくか、つかないかによって決まるのである。そしてこの「ニ」は「八月一五日ニ」「一九六六年ニ」の「ニ」と同様、時点を示す助詞と考えられる。「一九六六年」の様な語は、文法的観点からは時点の名詞であろうが、物理的にはかなり長い期間を示す。にも拘らず、とにかく「ニ」をとって時点を表わす。これに対して「夏休ミノ間」というのは文法的にも物理的にも二か月とか三か月の期間を示すのであるが、これが助詞「ニ」をとることによって夏休み中の或る時点を示すことになるのである。

こう考えてみると、すでに見た様に、「マデ」は期間の名詞表現を作るのであるから、助詞「ニ」をとって、その期間中の或る時点を示すことができそうである。

（中略）

「マデニ」は、「マデ」と「ニ」とに分けられ、順序の助詞「マデ」（または「カラ」と「マデ」）によって作られた集合や量的表現の中の或る点（時点・地点・人など）を格助詞「ニ」によって示す（『日本語教育』第九号・一九六六年一二月）

4　少し脱線するが……——接続助詞の「ガ」

「佐藤栄作氏がノーベル平和賞を受けたが、多くの人は嘲笑と皮肉で応じた」というときの「受けたが」は、「受けたけれども」とか「受けたにもかかわらず」という意味である。しかしこのような意味の接続助詞「が」は、たとえば平安時代の中ごろにはまだなかったらしい。有名な例は源氏物語の冒頭であろう。――

いづれの御時にか。女御・更衣あまたさぶらひ給ひけるなかに、いと、やむごとなき際にはあらぬが、すぐれて時めき給ふありけり。(山岸徳平校注「日本古典文学大系14」岩波書店)

右の「あらぬが」のガは、接続助詞ではなくて格助詞である。だから口語訳は「貴い身分ではないけれども」ではなく、「貴い身分ではない方で」としなければならない。(これを山岸氏は格助詞の中の指定格に所属するものとし、「物で・物にて・物にして」に相当する機能を示しており、「物」の代わりに「人・事・様」など適当な名詞が考慮さるべきことを解説している。)

そのような格助詞から現代の接続助詞が派生してきたわけだけれども、しかし現代の接続助詞「ガ」は、決してケレドモやニモカカワラズといった逆接条件だけに使われているのではない。これが問題なのである。例文をあげよう。

豚肉の自由化に当って、農林省は、安い外国産品から、国内産品との差額を関税として取り立て、結局、安い豚肉は国民の手にはいらないことになるという話。その間、経企庁もペテンにかけられたというのですが、こうした役人のいい加減な国民無視の行政態度の責任はきびしく追及されてしかるべきだと思いますが、大蔵省理財局長時代に、硬骨漢として知られた、あなたのご意見をうかがいたい。(『週刊新潮』一九七一年九月二五日号)

これは会話体だが、普通の文章でもこの種の「ガ」がよく現れる。「ペテンにかけられたというのですが」と「しかるべきだと思いますが」の接続助詞「が」は、どういう役割なのだろうか。

すこし脱線するが——と書いて、はてこの「が」は何かと思う〔注1〕。ケレドモと言いかえることはできるが、決してニモカカワラズやシカシのような明確な逆接条件ではない。これも問題の「が」であろう。私はいま気軽に「すこし脱線するが」と書いたけれども、これは「すこし脱線する。」と文を切るべきではなかったか。その方がはっきりする。では、なぜそれに「が」をつけたのか。では、もう一度もとにもどって——すこし脱線する。このような「が」について私が最初に教えられたのは、第一章でも引用した清水幾太郎氏の『論文の書き方』である。新聞記者になりたてのころ、北海道でこの本を読んで、この「が」を論じたところにとくに感心した。学生のころ自分が書いた論文や紀行文をかえりみて、この種の「が」が特別多くはなかったことに安堵するとともに、今後は意識的になくそうと思ったものだ。それでも油断していると、いま「すこし脱線するが」とやってしまったように、つい顔を出したがる。清水氏の本から一部を引用しよう。――

（「が」の用法には）反対でもなく、因果関係でもなく、「そして」という程度の、ただ二つの句を繋ぐだけの、無色透明の使い方がある。（中略）前の句と後の句との単なる並列乃至無関係が「が」で示されているのであるから、「が」は一切の関係或は無関係を言い現わすことが出来るわけで、「が」で結びつけることの出来ない二つの句を探し出すことの方が困難であろう。二つの句の関係がプラスであろうと、マイナスであろうと、ゼロであろうと、「が」は平然と通用する。「彼は大いに勉強したが、落第した。」とも書けるし、「彼は大いに勉強したが、合格した。」とも書けるのである。「が」という接続助詞は便利である。一つの「が」を持っていれば、どんな文章でも楽に書ける。しかし、私は、文章の勉強は、この重宝な「が」を警戒するところから始まるものと信じている。（中略）眼の前の様子も自分の気持も、これを、分析したり、また、分析された諸要素間に具体的関係を設定したりせずに、ただ眼に入るもの、心に浮かぶものを便利な「が」で繋いで行けば、それなりに滑かな表現が生まれるもので、無規定的直接性の本質であるチグハグも曖昧も表面に出ずに、いかにも筋道の通っているような文章が書けるものである。なまじ、一歩踏み込んで、分析をやったり、「のに」や「ので」という関係を発見乃至設定しようとなると、苦しみが増すばかりで、シドロモドロになることが多い。踏み込まない方が、文章は楽に書ける。それだけに、「が」の誘惑は常に私たちから離れないのである。

さきの『週刊新潮』の例文で考えてみよう。「経企庁もペテンにかけられたというのですが」は、「……ペテンにかけられたといわれています」で切ればいいし、次の「きびしく追及されてしかるべきだと思いますが」は「……しかるべきではないでしょうか」とでもすればよい。

もちろん、このような「が」は片端からそこで文を切れと言っているのではない。もし意味がわかりやすいのであれば、いくらでもつないでいけばいいだろう。この種の「が」を使われたとき困るのは、読者がここで思考の流れを一瞬乱されるからなのだ。

「が」ときたら、それでは次は逆接かな、と深層心理で思ったりするが、それはあとまで読まないとわからない。それだけ文章はわかりにくくなる。これが対話として語っているときだと、文章になったときほどわかりにくくはないだろう。抑揚や表情その他が補ってくれる。しかし作文のときには、よほど注意しないと意味のわかりにくい文章の原因になりやすい。

再び強調しよう。決してこれは「日本語」のせいではない。かつてはなかった用法なのだ。こういう使い方をはびこらせた「使い手」（自戒の意味もこめて）の責任である〔注2〕。むろん、わざと文章をわかりにくくし、あいまいにすることを目的とする場合には、これは実に便利な助詞だ。しかしそれは本稿の目的ではない。

〔注1〕 228ページ　接続助詞の「が」の用法について、国立国語研究所報告3『現代語の助詞・助動詞』（永野賢氏担当）は、逆接用法のほかに次の三つを挙げている。

①二つの事がらをならべあげる際の、つなぎの役目をする。共存または時間的推移。

〈例〉男は驚いて、顔を退いたが、「馬鹿！　見損ったらいけない」ぴしゃりと娘の片頰を打った。（『主婦之友』一九五〇年一月号四八ページ）

②題目・場面などをもち出し、その題目についての、またはその場合における事がらの叙述に

接続する。そのほか、種々の前おきを表現するに用いる。

〈例〉神西清氏の"バビアン説法"は苦心推敲の作品であるが、読者のいつわらざる感想がきたい。（『朝日評論』一九五〇年一月号六ページ）

③補充的説明の添加。

〈例〉……吹雪や風塵――これは関東地方で春のはじめによく起るものであるが――も電荷をもつ微粒子が運動するものだから……（『科学朝日』一九四九年五月号三六ページ）

〔注2〕　231ページ　梅棹忠夫氏は接続助詞について、「たしかに論理的にまずい使い方が一般に多い。しかし逆接以外の場合でも、意味的含蓄があってどうしても使いたいことがあるので、全面的に否定するわけにもいかないだろう」と語っている。実は本書の中にも、逆接以外の接続助詞「が」が数ヵ所で使われている。たとえば――

㋑以上、かなりくどく実例をあげてきたが、こうした実験から……（六二ページ二行目）

㋺まあこういった分析を、もっと徹底的にすすめていったのが「変形生成分法」なのだが、三上章氏は……（一七七ページ一六行目）

㋩このルポを読んだ人はわかってくれると思うのだが、広大な……（二四三ページ八行目）

㊁ここに四例をあげてみて偶然気付いたのだが、この四例とも……（二九〇ページ三行目）

これらの「が」を使うとき、実は私はかなり迷った。しかし梅棹氏のいうように、これらは逆接でなくとも私は含蓄の上でこの方が「良い文章」だと判断したので使った。〔注1〕での永野氏の「逆接以外の三用法」にあてはめるとすれば、㋑㋺㊁はいずれも②（前置きの表現）に、㋩は③（補充）に相当するだろう。

ともかくしかし、たとえ使うとしても、逆接以外は最少限度の使用におさえるべきであろう。

5　サルとイヌとネコとがけんかした――並列の助詞

たとえば、「クジラ・ウシ・ウマ・サル・アザラシは哺乳類の仲間である」というとき、イギリス語などは「クジラ・ウシ・ウシ……and アザラシは……」という並べ方をする。つまり and は最後のひとつにつけ、あとはコンマで並べていく。翻訳でもこれと全く同じ調子で「クジラ、ウシ、……そしてアザラシは……」としている無神経な著述家がある。だがこの表現は、日本語のシンタックスにはないものだ。この場合正しい日本語にそのまま置きかえるなら、反対に and に当たる助詞を次のように前にもってくる。

「クジラやウシ・ウマ……アザラシは……」

同様に「と」「も」「か」「とか」「に」「だの」「やら」「なり」なども、ひとつだけ使う場合は最初の単語につけるのが最もすわりがよい（×印はすわりの悪い方）。

○出席したのは山田と中村・鈴木・高橋の四人だった。
×出席したのは山田・中村・鈴木と高橋の四人だった。

○ヘビもトカゲ・カメ・ヤモリ・スッポンも爬虫類だ。
×ヘビ・トカゲ・カメ・ヤモリもスッポンも爬虫類だ。

○黒水引の袋には「御霊前」とか「御香典」・「御仏前」とでも書けばよい。
×黒水引の袋には「御霊前」・「御香典」とか「御仏前」とでも書けばよい。

○雨か雪・霙《みぞれ》・霰《あられ》・雹《ひょう》かはそのときの気象条件による。
×雨・雪・霙・霰か雹かはそのときの気象条件による。

○花子に鹿子・時子・節子・晃子の五人が見舞いに来た。
×花子・鹿子・時子・節子に晃子の五人が見舞いに来た。

右の中で「も」と「か」は全体の最後にも「も」「か」をつけないとおかしい。この点は「と」もその傾向があり、論理的にはむしろ「と」をつける方がよいことが多い。

Ⓐイヌとネコとサルがけんかした。

Ⓑイヌとネコとサルとがけんかした。

この二例ではⒷの方がより論理的である。なぜならⒶだと「イヌとネコ」とサルがけんかした、つまりサルがイヌとネコの同盟軍とけんかしたととれないこともないが、Ⓑなら三者入り乱れてのけんかであることが明白だ。もっともⒶでイヌとネコの同盟軍であることを「と」によってハッキリさせるなら――

サルと、イヌとネコととがけんかした。

と二重に「と」を使うことも可能である。

以上にのべたような特徴は、イギリス語などが前置詞的言語であるのと反対に日本語が後置詞的言語であることと深く関連するようだ。たとえば久野暲氏の次の指摘が参考になろう。

英語の並列接続詞 and は、その後に来る要素と続けて発音されるが、日本語の並列接続助詞は、その前に来る要素と続けて発音される。

{○John and-Mary
{×John-and Mary
{○John is stupid and-slow.
{×John is stupid-and slow.
{○太郎ト　花子
{×太郎　ト花子
{○ジョンハバカダシ、ノロマダ。
{×ジョンハバカダ　シ、ノロマダ。

日本語の後置詞性は、日本語がSOV語〔注1〕であることと何か深い関連があるに違いない。Greenberg は、世界の言語にあてはまる普遍的特徴として、SOVを正常の語順とする言語の大部分が後置詞的であると観察している。(『日本文法研

究』四ページ）

＊

以上で助詞の用法を一応終わる。日本語の助詞は、このように言葉のわかりやすさ・明晰性・論理性を強める上でたいへん重要な役割をになっている〔注2〕。日本の義務教育での国語教育・作文教育は、「日本語そのもの」ではなくて「日本語について」の周辺を洗っているだけではなかろうか。助詞の正確な用法は小学校高学年くらいからでも訓練すべきだと思う。中学の文法教育にしても、まだ確定したわけでもない文法を暗記させるより、助詞を正確に使って作文することを訓練する方が本当の生きた国語教育になるだろう。将来専門家以外に役立たぬイギリス語などを義務教育の全中学生に義務づけて呻吟させた上、つまらぬ劣等感を植えつける結果をもたらすよりも、私たちの母語としての日本語〔注3〕こそ義務教育で重点を置くべきではなかろうか。

〔注1〕236ページ　**SOV語**　語順として目的語（**O**）が動詞（**V**）の前に現れる言語のこと。ペルシャ語・インド語・ビルマ語・チベット語・バスク語・ラテン語・朝鮮語・アイヌ語等世界にたいへん多い。反対に**SVO**語はイギリス語・スペイン語・フランス語・ベトナム語・ロシア

語・中国語など、どちらかというと言語帝国主義的な、いわば〝主流〟の体制側言語に多く、こんなことから日本の植民地型知識人の「日本語の特殊な語順」といった無知も出てくるのであろう。なおケルト語は**VSO**となる。もし**S**（主語）が存在しない言語ということになれば日本語などは**OV**と表すことになり、問題は**OV**か**VO**かだけになろう。

〈第35刷からの追記〉なお主語問題に関して注目すべき論考に、金谷武洋『英語にも主語はなかった』（講談社選書メチエ・二〇〇四年）がある。

〔注2〕237ページ　佐久間鼎氏が日本語の優れて論理的な性質を説く（二三ページ）のも、重要な根拠の一つを助詞においている。佐久間氏は「かがやく二千六百年へのささやかな贈物」として自著（『現代日本語法の研究』）を出したりしているが、その論拠は決して国粋主義で目がくらんだ結果ばかりでもないようだ。

〔注3〕237ページ　日本語教育を重視するということは、べつに詩作や源氏物語にばかり力を入れよということではない。また方言をほろぼして共通語に統一せよということでもない。これについては「本多勝一集」第19巻『日本語の作文技術』（朝日新聞社・一九九六年＝分売可）収録の「日本語をめぐる『国語』的情況」の諸編参照。

第七章　段　落

段落――つまり行がえ（改行）は、さきのたとえでいうなら組織を集めて身体の小部分をつくることである。たとえば足という「章」は、小指・親指・すね・もも・ひざ・かかと……といった小部分からできている。それは決して「すね・もも・血液……」という構造ではない。血液はそれ以前の組織としての「文」（センテンス）だからである。ということは、段落はかなりのまとまった思想表現の単位であることを意味する。足でいえば、各部分の境の関節が改行である。

いま私は第七章をここで一回改行した。この段落は、ここで思想がひとつ提示されたことを意味している。ここ以外のところで改行してはならない。たとえば「……という構造ではない」で改行して、「血液はそれ以前の……」から次の段落に移ったら、まとまった思想が強引にひきさかれてしまう。関節でないところを強引に曲げたら、骨が折れるであろう。重傷だ。

そう。重傷なのだ。段落のいいかげんな文章は、骨折の重傷を負った欠陥文章といわなければならぬ。改行はそれほど重要な意味をもっているからこそ、ここで章をあらたにして論ずるのである。段落のいいかげんな人は、書こうとしている思想もまたいいかげんで、不正確で、非論理的だとみられても仕方がないであろう。外山滋比古氏は『日本語の論理』という著書で次のように言っている。

たいていの人間は、文章を書くときに、自分はふだん、どれくらいの長さのパラグラフを書いているか、ほとんど自覚していない。改行して段落をつけるのも、まったくでたらめで、だいぶながくなったからそろそろ改行しようか、などと言って行を変えている。パラグラフの中をどういう構成にするかをはっきり考えたことはほとんどないのだからやむを得ないが、これではよい文章が書きにくいわけである。また、書けた文章がしっかりしない骨なしみたいになる道理である。

まず、基本的文章を読んでパラグラフの感覚を各人がもつように努力することである。書く方でもパラグラフを書く練習がもっと必要であろう。段落の観念がはっきりしないから、文章に展開のおもしろさも生れない。

第四章の一一四ページであげた井伏鱒二氏の例を見よう。これは冒頭の一行「山椒魚は悲しんだ」だけで、もう最初の段落がつけられている。すなわちこの短い文ひとつだけでまとまった思想部分、さきの例なら小指あたりをこれは示しているのだ。ひとつの思想部分を示すのに短いこともあれば長いこともあるのは当然である。「だいぶながくなったからそろそろ改行しようか」などという馬鹿げた改行は、しようと思ってもできないはずだ。井伏氏の文の場合、次の段落はさきにあげた例文の終わるところ（「……には十分であつたのだ」まで）である。こんどはやや長い。こうして段落を考えながら再読してみれば、最初の一行「山椒魚は悲しんだ」はどうしても改行の必要なこと、行をかえなければならぬことが、あらためて理解されよう。もしこれをつづけてしまったら、まるで小指を切って脛《すね》に移植するようなものだ。改行は必然性をもったものであり、勝手に変更が許されぬ点、マルやテンと少しも変わらない。

ところがわが祖国日本では、編集者にこの知識のある人が残念ながら意外に少ない。どういうわけか小説家の文学作品の場合は、段落を勝手に編集者がいじらぬ常識がけっこうゆきわたっている。詩の行を勝手につなぐことができないのと同じ感覚だろうか。

だが、実は小説以上に論文などの方が勝手な改行は許されないのだ。それを、筆者に相談もなく、勝手に段落をかえる編集者が多すぎる。しかしそんな横暴がはびこるのも、いいかげんな文章を書く者が多すぎるせいなのかもしれない。「そろそろ改行しようか」くらいの感覚で書いている筆者が多いからこそ編集者も鈍感になってくるのだろう。雑誌などの場合、余白との関係でつい改行でごまかしたくなることが多いが、これは必ず筆者と相談の上でしなければなるまい。（だが、そんなことはどうでもいいと思っている鈍感な文筆家も多いから、そういう「骨なし」文章の人々からは、あらかじめ改行を自由にする約束をとっておけばいいだろう。しかし鈍感でない人もかなりいることを編集者は忘れてはならない。）

段落がそのようなものであれば、ときには一行で改行することもあるかわり、延々と何ページにもわたって行をかえぬこともあるのは当然である。長い例で有名なのはサルトルの小説『自由への道』だろう。その第三部第二章は、実に一冊の本の半分に当たる量全部がひとつの段落で、つまり一章一段落、改行ゼロである。サルトルはそうしなければならなかったのだ。それが一番彼の思想表現に適していると判断したのである。マルセル＝プルーストなどもたいへん段落の長い文体の例であろう。

私自身、この問題で怒ったり奮闘したりした経験がかなりある。長い段落の例でいうと、ルポルタージュ『アラビア遊牧民』の最終節「アラビア半島の横断」は、ふつうの本の四ページぶんくらいの長さだが、改行がひとつもない。最初このルポが新聞で連載されたときは、この節全体を一回ぶんとして圧縮し、原稿用紙（四〇〇字）で四枚ていどだったが、やはり改行が全くなかった。ところが、この原稿を見た整理部（せまい意味の編集係。見出しなどをつけるところ）の担当者が、どこか二～三カ所で行がえをしてくれと、社会部の担当デスク（次長）を通じて言ってきた。私はもちろんことわった。だが、こうなると整理部もメンツの問題だ。こんな原稿は『朝日新聞』の有史以来前例がないという。私はべつにサルトルをまねたわけでは全くなく、このルポを読んだ人はわかってくれると思うのだが、広大なアラビア半島を横断するときの文章として私にはこれが最も適した段落の方法であった。それは私の思想表現の手段であり、文体だったのだ。しかし単なるヒラ記者では、このとき自分の主張を貫く権力はない。論理よりもメンツが優先した。（のちに本にするとき私はすべての改行を復元してつないだ上、もっと文章を加えて長くした。）

別の例では、雑誌に発表した論文や随筆などを集めてある雑文集を出したときのことだ。その中に「メモから原稿まで」という一文があった。本が出て見たら仰天してしまった。いたるところ勝手に改行されているではないか。たとえば冒頭の部分は次のようになっていた。――

小学生の上級から中学にかけて、私はマンガを描くことに熱中したことがあります。そのとき痛感したのは、描くための最も初歩的な知識の書いてあるような「マンガの教科書」がないことでした。

鉛筆やペンはどんなものがいいのか。紙は？　色の使い方は？　墨は？　……。ですから、マンガの原稿は実際の大きさよりもかなり大きく描かれるなんてことも知らず、細かなところを実物大に苦心して描いたりしました。このごろはマンガや動画・劇画の大発展のせいか、マンガの描き方に類する良い本も出ています。

ところで梅棹忠夫氏の『知的生産の技術』（岩波新書）もいっているように、「良い文章」を書くための本、文章読本、つづり方教室の類はたくさんありますが、原稿そのものの技術についての本は、あまり見かけません。

これは私がかつてマンガを描くときに感じたことが、文章の世界では今もなお現実であり、マンガ以下だということなのでしょうか。

メモ以前のことについては他の巻の技術講座（講座『探検と冒険』朝日新聞社）で説明されるはずですから、ここでは……（以下略）

右の例文の中に改行は四カ所ある。しかし原文では二カ所しかなかった。したがって他の二カ所は編集者による横暴の結果だ。どの改行がそれに当たるかは、賢明な読者はすぐ気付かれるであろう。宿題としておきます〔注〕。

小説家の、とくに流行作家の中には、まるで一センテンスごとに片端から改行する人がある。マルをうてばすぐ改行だ。印刷された紙面をみると、こういう文章は隙間《すきま》だらけになる。これもなるほど一種の文体ではあろう。ポルノ小説やハードボイルド小説などはこの方が雰囲気が出るのかもしれない。「一枚いくら」で売るときの原稿料かせぎだという噂もある。隙間だらけで枚数がはかどるから。しかし普通の論文や報告など、多少とも主張をもった文章を書く場合、こういうことはほとんど考えられない。こんなことをしていたら、本当に改行したいようなときはどうするのだろうかとも思う。

段落の意味が以上のようなものであることを理解すれば、どこで改行すべきかはおのずから明らかであろう。もし改行すべきかどうか自分でわからないとすれば、それはもはや論理的な文章を書いていないということである。まとまった指・まとまった脛・まとまった腿《もも》が、関節によってしっかり結びつけられてゆくのでなければ立派な足にはならない。

とは、段落はかなりのまとまった思想表現の單位であることを意味する。足でいえば、各部分の境の関節が改行である。
　いま私は第七章をここで二回改行した。この段落は、ここで思想がひとつ提示されたことを意味している。ここ以外の

長い文章や単行本だと、次に来るのが「章」である。また人体にたとえれば、これは足・腹・頭といった大きな部分だ。これについてはもはや多言を必要としないだろう。人体という全思想を形成するための大きな構想である。自分の例でいえば、ひとつのルポルタージュなり長篇論文なりを書くときは、まず目次を作るつもりでおおざっぱに章を立ててみる。多くは一章あたりたいていは一枚のカードを用意し、各章でどんなことを書くかを、そのカードに思いつくままメモしておく。単行本一冊になるほどの長いルポの場合、取材が一応すんだと思われる時点でこの作業をやってみると全体の見通しが立てられる。その結果まだ取材不足のものがあればもう一度取材にかかる。

段落の重要性を認識すれば原稿の書き方にも配慮が必要になってくる。行の途中で文が終わって改行するときはよろしい。そうではなくて次のような場合はどうだろう。

右図の実例は、この第七章「段落」のはじめの部分である（二三九ページ）。この改行を見ていただきたい。「……改行である。」は行のちょうど終わりにきている。したがって改行であるかどうかを植字工が見て判定する手段は、次の「いま私……」で一字さがっていること、それだけしかない。すなわち、ふつうは改行を示す手段として、実は二重の手が使われているのだ。行の途中で終わることと、次の冒頭を一字さげることと。しかしこの例では、改行の標識としてその半分しか用をなしていない。となると、植字労働者がまちがえないように完全

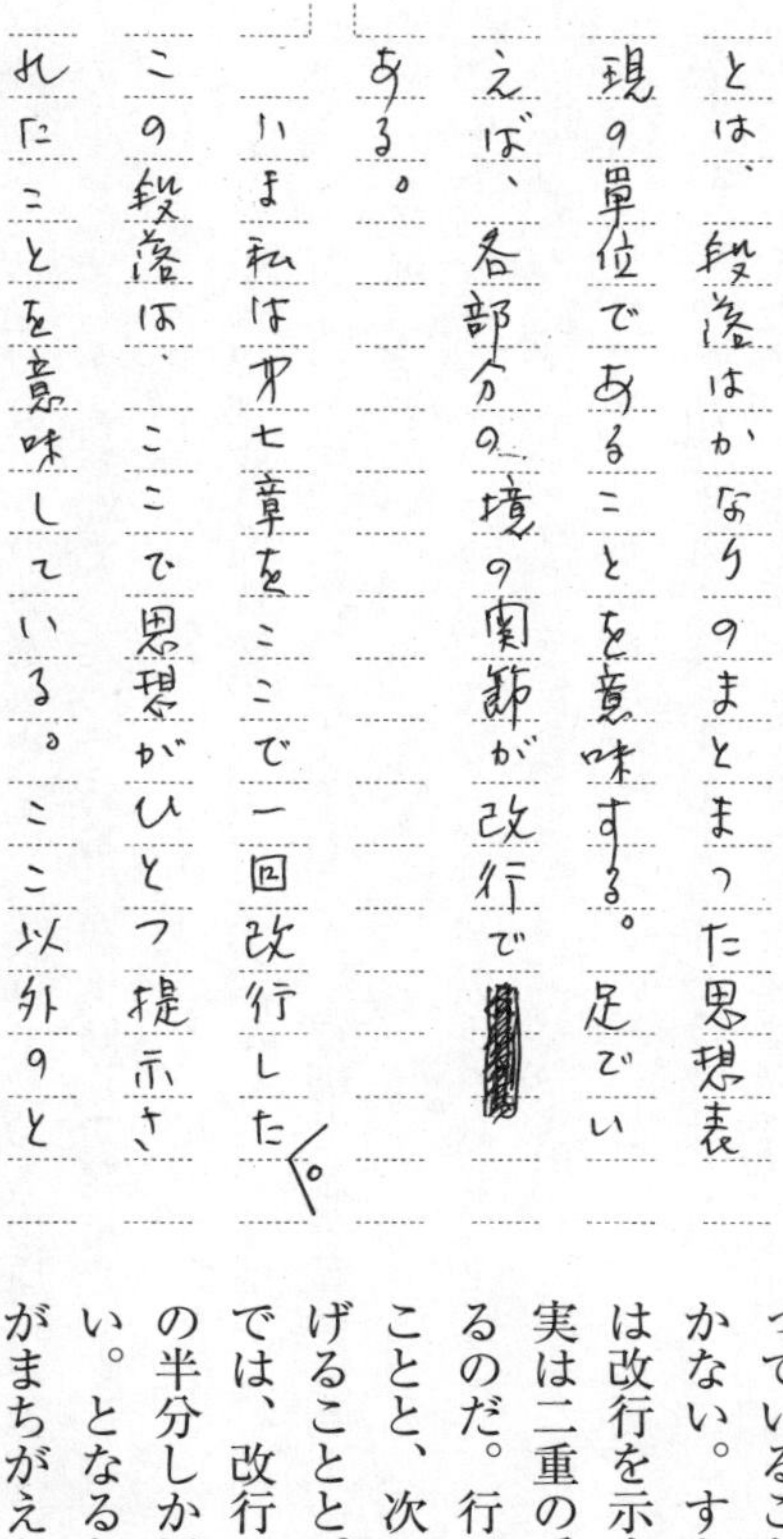
とは、段落はかなりのまとまった思想表
現の単位であることを意味する。逆でい
えば、各部分の境の関節が改行で
ある。
　いま私は第七章をここで一回改行した。
この段落は、ここで思想がひとつ提示さ
れたことを意味している。ここ以外のと

標識にして渡せばミスが防止されやすい。実は、私のこの原稿が雑誌に発表されたときそのようにまちがえられていたのである。ゲラ刷りで発見して直したから、本になったときは訂正されている。

こうした場合には段落の最後の一字か二字ぶんくらいを削って、次の行に移せばよい。わざわざ一行ふやして完全標識にするわけだ。原則として私はこれをやっているのだけれど、この時は忘れていた。

この実例ではもうひとつのミス防止措置が必要である。改行して一行目の最後「……一回改行した。」を見よう。ここでマルが一字分ハミ出しているために、次の行におくられて、二行目のアタマがマルから始まっている。このような原稿をよく見かけるが、これにはかなり問題がある。ぶざまだというわけではない。まず、ここで字が一字ぶん下がっているために、眼の悪い植字労働者などは、つい改行と見あやまる怖れがあるのだ。ゴミのような小さいマルを書く人のものならなおさらである。もうひとつは、マルが次の行にあるために拾い忘れて、文が切れずにつづいてしまうことがある。これはテンについても同様だ。したがってハミだしのテンやマルは次の行へおくらずに、原稿の下へそのままチョウチンとしてぶらさげる方がよい。私は「ぶらさげる」というほど下へもってゆかず、原稿用紙のマスメの線のすぐ下か、あるいは線に重ねてうつ。そうしておいて、なおも「ここにマル（テン）がありますよ」と注意をうながす意味で、これを「＜」印でかこって目立たせる。右の二つのミス防止措置をさきの実例に加えると、原稿は二四七ページのように改良される。行の最後がマルになる場合にこのようにして次の行へ一～二字おくる作業は、行の最後がチョウチンになる場合もむろん同様である。

以上に述べたような原稿のための作業は、べつに一般原則として文筆家がやっているわけでは決してない。一般的にはここまで気をつかう筆者は少ないかもしれない。しかし段落というものの重要性をほんとうに認識していれば、もし間違えられては大変と心配する結果、こうしたミス防止措置を考えざるをえなくなるだろう。

〔注〕245ページ　小学生の上級から中学にかけて、私はマンガを描くことに熱中したことがあります。そのとき痛感したのは、描くための最も初歩的な知識の書いてあるような「マンガの教科書」がないことでした。鉛筆やペンはどんなものがいいのか。紙は？　色の使い方は？　墨は？……。ですから、マンガの原稿は実際の大きさよりもかなり大きく描かれるなんてことも知らず、細かなところを実物大に苦心して描いたりしました。このごろはマンガや動画・劇画の大発展のせいか、マンガの描き方に類する良い本も出ています。

ところで梅棹忠夫氏の『知的生産の技術』（岩波新書）もいっているように、「良い文章」を書くための本、文章読本、つづり方教室の類はたくさんありますが、原稿そのものの技術についてのの本は、あまり見かけません。これは私がかつてマンガを描くときに感じたことが、文章の世界では今もなお現実であり、マンガ以下だということなのでしょうか。

メモ以前のことについては他の巻の技術講座（講座『探検と冒険』朝日新聞社）で説明されるはずですから、ここでは……（以下略）

第八章　無神経な文章

前章までで、文章をわかりにくくしている要素について日ごろ私が感じていたことの検討を終わる。この章からは、直接的にはわかりやすくても読者を引っぱってゆく力に甚だしく欠けるため、途中で投げだされてしまって結果的に「わかりにくい文章」と同じことになってしまう問題をいくつかとりあげよう。何が読者を拒否するかといえば、つまるところそれは文章が無神経に書かれている場合である。書き手の鈍感さが読者を拒否する。

1　紋切型

新聞の投書欄で次のような文章を読んだ。全文引用する。

只野小葉さん。当年五五歳になる家の前のおばさんである。このおばさん、ただのおばさんではない。ひとたびキャラバンシューズをはき、リュックを背負い、頭に登山帽をのせると、どうしてどうしてそんじょそこらの若者は足もとにも及ばない。このいでたちで日光周辺の山はことごとく踏破、尾瀬、白根、奥日光まで征服したというから驚く。

そして、この只野さんには同好の士が三、四人いるが、いずれも五十歳をはるかに過ぎた古き若者ばかりなのである。マイカーが普及し、とみに足の弱くなった今の若者らにとって学ぶべきところ大である。子どもたちがもう少し手がかからなくなったら弟子入りをして、彼女のように年齢とは逆に若々しい日々を過ごしたいと思っている昨今である。（『朝日新聞』一九七四年七月一五日朝刊「声」欄・人名は仮名）

一言でいうと、これはヘドの出そうな文章の一例といえよう。しかし筆者はおそらく、たいへんな名文を書いたと思っているのではなかろうか。だが多少とも文書を読みなれた読者なら、名文どころか、最初から最後までうんざりさせられるだけの文章だと思うだろう。（もちろん内容とは関係がない。）なぜか。あまりにも紋切型の表現で充満しているからである。手垢のついた、いやみったらしい表現。こまかく分析してみよう。「只野小葉さん。当年五五歳……」という書き出しは、明らかに次のスタイルをまねている。（人名は仮名にした。）

毎日太郎さん――二十三歳、一児のパパ、そして筋ジストロフィーの患者である。

（『毎日新聞』一九七五年一〇月一八日朝刊・家庭面）

朝日次郎さん。四十九歳。青森市浅虫温泉出身。練馬区貫井三丁目に住む……

（『朝日新聞』一九七七年九月二七日朝刊・東京版）

このスタイルが流行しはじめたのは、たぶんこの一〇年前後（一九六五年前後から）以内のことであろう。だがこの方法を最初に使った人には私は敬意を表したい。新鮮な響きを持つ。私の記憶では、これを初めて見たのは疋田桂一郎氏の文章であった。（もっともこれが疋田氏の〝発明〟かどうかは知らないが、ともかく流行以前ではあった。）疋田氏は私が新聞記者になりたてのころ『朝日新聞』の社会部遊軍記者として活躍していた。ときどき社会面の大きなスペースをさいて出るルポの文章に、もうひたすら感嘆するばかりだった。独特の文体。鋭い視点。スキのない言葉の選択。かけだし記者の私は、何年ものあいだ疋田氏の文体やものの見方を手本にしていた。しかも疋田氏のえらいところは、自分の文体をも破壊してゆく点だ。この「何野誰兵衛。五五歳……」式のスタイルも、流行しはじめるころには彼自身が使わなくなっている。

投書はそのあと「このおばさん、ただのおばさんではない」と書く。この表現がまた、どうにもならぬ紋切型だ。助詞を省いたこの用法は、文自体に「笑い」を出してしまう。落語家が自分で笑っては観客は笑わない。しかし「このおばさん、ただの……」とやると、もう文章が自分で笑いだしている。いい気になっているのは自分だけで、読む方は「へ」とも思わない。また「ただのおばさんではない」などと無内容なことを書くくらいなら、どのように「ただ」でないのか、具体的内容をすぐにつづけて書くべく、この部分は省略すべきだろう。

「ひとたびキャラバンシューズをはき、……」も文自体が笑っている。つづいて「どうしてどうして」だの「そんじょそこらの」だのという手垢のついた低劣な紋切型がまた現れる。「足もとにも及ばない」も一種の紋切型だ。さらに「ことごとく」「踏破」「征服」といった大仰な紋切型がつづいた末「驚く」と自分が驚いてしまっている。読んだ方は逆に全然驚かない。「三、四人いるが」と、あの不明確なガ（第六章）。つづいて「古き若者」という面白くもない文自体の笑い。「学ぶべきところ大」というような、これも紋切型の（「ぼやくことしきり」式の）修辞。最後にまた「……昨今である」という（「……今日このごろである」式の）大紋切型で終わる。しかも後半の文は全部「である」で終わっている。

こういう文章を自分では「名文」だと思っている人がかなりあることの責任の一半は、たぶん新聞記者にもあるだろう。ほとんど無数に氾濫している紋切型の言葉の中から、頭にうかぶものをいくつか列挙してみる。――

「ぬけるように白い肌」「顔をそむけた」「嬉しい悲鳴」「大腸菌がウヨウヨ」「冬がかけ足でやってくる」「ポンと百万円」……

雪景色といえば「銀世界」。春といえば「ポカポカ」で「水ぬるむ」。カッコいい足はみんな「小鹿のよう」で、涙は必ず「ポロポロ」流す。「穴のあくほど見つめる」という表現を一つのルポで何度もくりかえしているある本の例などもこの類であろう。

こうしたヘドの出そうな言葉は、どうも新聞記者に多いようだ。文章にマヒした鈍感記者が安易に書きなぐるからであろう。一般の人の読むものといえば新聞が最も身近なので、一般の文章にもそれが影響してくる。入江徳郎氏の『マスコミ文章入門』は、紋切型の例として「――とホクホク顔」「――とエビス顔」「複雑な表情」「ガックリと肩を落とした」等々を論じたあと、次のように述べている。

紋切型とは、だれかが使い出し、それがひろまった、公約数的な、便利な用語、ただし、表現が古くさく、手あかで汚れている言葉だ。これを要所要所で使用すれば、表現に悩むことも苦しむこともなく、思考と時間の節約が可能になる。それ故に、安易に使われやすい。

しかし、紋切型を使った文章は、マンネリズムの見本みたいになる。自分の実感によらず、あり合せの、レディーメードの表現を借りるのだから、できた文章が新鮮な魅力をもつわけがなかろう。

紋切型を平気で使う神経になってしまうと、そのことによる事実の誤りにも気付かなくなる。たとえば「……とAさんは唇を嚙んだ」と書くとき、Aさんは本当にクチビルを歯でギュッとやっていただろうか。私の取材経験では、真にくやしさをこらえ、あるいは怒りに燃えている人の表情は、決してそんなものではない。なるほど実際にクチビルを嚙む人も稀にはあるだろう。しかしたいていは、黙って、しずかに、自分の感情をあらわしようもなく耐えている。耐え方の具体的あらわれは、それこそ千差万別だろう。となれば、Aさんの場合はどうなのかを、そのまま事実として描くほかはないのだ。「吐きだすように言った」とか「顔をそむけた」「ガックリ肩を落とした」なども、この意味で事実として怪しいきまり文句だろう。実例を挙げる。——

「ニコヨン物語」という本をご記憶だろうか。昭和三十一年、当時、ニコヨンと呼ばれた日雇い労働者がえんぴつをなめなめつづり、映画にもなったベストセラーだ。（『朝日新聞』一九七八年五月二〇日朝刊・東京版）

右の「えんぴつをなめなめ」が怪しい。本当に「えんぴつ」だったか。本当に「なめなめ」書いたのか。それを取材したのであれば紋切型をやめて具体的に書くべきだし、紋切型として書いたのなら大ウソを書いたことになる。次の例はどうだろう。

四人の子どもたちが通っていた多摩市立永山小学校のクラスメートは、最近、帰ってこない友だちの話をしなくなった。（中略）話題にすれば、名前を呼べば、悲しみがつきあげてくるからだ。それでも、テストのプリントなどを配るとき、子どもたちは主のいない机の上にも、そっと置く。放課後、まとめて後ろのロッカーにしまっていく。(『朝日新聞』一九七六年七月二日朝刊・社会面)

子供らは本当に「そっと」置いているだろうか。それを筆者は見たのか。あるいは間接的でも取材したのだろうか。事実は、子供らは他の子に配る配り方と同様なしぐさで配り、特別に「そっと」置いてはいないのではないか。つまり「紋切型」に頼った可能性はないか。

野間宏氏編による『小説の書き方』という本がある。野間氏を含めて小林勝・伊藤整・椎名麟三・瀬沼茂樹など一〇氏がそれぞれの考えを述べたものだ。もちろん小説の創作のために書かれたのだが、読んでみると文章一般に通ずるたいへん参考になることが多い。標題を「記事の書き方」とか「文章の書き方」としてもよいくらいである。この中で伊藤整氏は次のようなことを書いている。

菫《すみれ》の花を見ると、「可憐《かれん》だ」と私たちは感ずる。それはそういう感じ方の通念があるからである。しかしほんとうは私は、菫の黒ずんだような紫色の花を見たとき、何か不吉な不安な気持ちをいだくのである。しかし、その一瞬後には、私は常識に負けて、その花を可憐なのだ、と思い込んでしまう。文章に書くときに、可憐だと書きたい衝動を感ずる。たいていの人は、この通念化の衝動に負けてしまって、菫というとすぐ「可憐な」という形容詞をつけてしまう。このときの一瞬間の印象を正確につかまえることが、文章の表現の勝負の決定するところだ、と私は思っている。その一瞬間に私を動かした小さな紫色の花の不吉な感じを、通念に踏みつけられる前に救い上げて自分のものにしなければならないのである。

右の中の「たいていの人は、この通念化の衝動に負けてしま」うとあるのがとくに重要な指摘だ。「負けてしま」う結果、その奥にひそむ本質的なことを見のがしてしまう。だから紋切型にたよるということは、ことの本質を見のがす重大な弱点にもつながる。

2　繰り返し

子供の作文にはよくあることで、たいていの人が気付いていると思うのは、同じ言葉の繰り返しだ。「朝起きて、顔を洗って、そして歯をみがいて、そして御飯をたべて、そして……」と、延々「そして」がつづいたり、文の終わりを片端から「と思う」とか「と思われる」でばかり結んだり。小学校一年生になる私の長女は、ノート一冊文の作文のほとんど半分くらいの文を「でも」という接続詞ばかりでつないで書いた。しかしこれは決して子供ばかりではない。次の例はどうだろう。

……いわば一般的な姿勢を原則として確かめ合おうという目的は、果されたとみていい**ように思われる**。共同コミュニケが、米中関係を律する原則として平和五原則をあげていることは、このことを裏づけている**ように思われる**。（中略）いいかえれば核戦争は回避しようという共通の地盤がすえられたのは、フルシチョフ首相のアメリカ訪問であった**ように思われる**。（中略）……その他、文化、スポーツ交流、貿易拡大などについての合意点は、コミュニケから判断する限り、さし当っては急速な進展は期待出来ない**ように思われる**。（『朝日新聞』一九七二年二月二八日朝刊・社説）

二本出ている社説の短い文章の一本だけで、「ように思われる」という表現が四回も出てくるのは多すぎるように思われる。それに「ように思われる」といったいいまわしは、断定を避けていかにももってまわった「お上品ぶり」を示すのに好都合だが、要するにこれは事の本質をオブラートで包むための技法であり、謙虚さを売りものにしている慇懃無礼《いんぎんぶれい》な態度にすぎない。これは典型的「社説用語」のひとつといえる。真に「ように思われる」ときだけに限定して使うべきであろう。

繰り返しは、それを目的とする特別な場合以外は極力避けたほうがよい。たとえば逆接の場合でも「しかし」ばかり使わないで、「けれども」「ところが」「だが」「が」「にもかかわらず」などを混用する。それからヒンズー語や朝鮮語や日本語のように述語が文の最後にくる語順の言葉だと、どうしても同じ文末がつづきやすくなりがちだ。次の例をみよう。

本多勝一氏が初めて翻訳をして、わが国に初めて紹介される——初めてづくめの文字通り本邦初訳『エスキモーの民話』です。かつてルポをしたイニュイ民族へ思いを馳せ、親愛の情をこめての訳です。氏ならではのユニークな傑作集です。これは「世界の民話シリーズ」の第一弾として刊行したものです。次回に『アイヌの民話』を予定しております。以下続々個性豊かな民話をお届けします。本多勝一著作集の次回は『冒険論』です。氏が提言をし、そのたびに論議の湧いた冒険論の集大成です。『貧困なる精神』の第2集を一月中旬に刊行の予定です。（すずさわ書店『すずさわ』第九号）

これは出版社の月報の編集後記です。すぐ気付くように、片端から「です」で終わっている。「である」でも同様なことがよくある。次の例はベテラン記者によるルポルタージュの一節から――

三井造船には構内協力企業が十六社あった。そのうち十四社二千九百人で協同組合を作っていて、半分が地元だということだった。千葉造船所の新設で、社員の多くは岡山県の玉野造船所から移って来たが、協力企業も一緒に移動するらしかった。協力企業の事務所は造船所構内の一角に集まっていた。建造中の巨船を背景に、プレハブの建物がひしめいていた。

協力企業の一つ、三昌工業に所属する人たちの話を聞いてみると、仕事の内容は三井造船の「本工」と変わりないようだった。(『朝日新聞』一九七四年一一月七日夕刊「新風土記・千葉県」)

この場合はほとんど一種の文体として「だった」を使っているかのようだが、たとえ文体としても　これではあまりに繰り返しが鼻につく。(もちろん、「…た。…た」を意識的に全文で使って成功している小説の例もあるが、ここの場合は洗練よりも臭《くさ》みの方が強い。また後述の「ルポルタージュの過去形」の問題も含んでいる。）これを少していねいにして「であった」を繰り返してゆくことが好きなベテラン記者もいる。たとえば「……半分が地元だということであった」とやると、なんとなくお上品で、スマした感じになるんですね。しかしこれにしても、あんまり繰り返されるといやみが出てくる。

このような繰り返しの問題で私自身被害を受けたことがある。ある児童本出版社が、私の著書『ニューギニア高地人』の少年版を刊行することになった。量的にも全体を少し縮めるため、子供には不必要と思われる部分を削除して原本とし、係りに渡した。ところが本になったのを見ると、どうも自分の文体ではない文章が多い。たとえば次のように。——

この男に交換を申しこもうとしたとき、かげのほうでもそもそしていたコボマが、とつぜん「アレガメ！」（わが友よ）とさけんだ。アレガメは、親しい友だちに尊敬の意味をこめてよぶときのことばな**のだ**。わたしたちは、ヤゲンブラやコボマなどと、こうよびあうことのできる親しい仲になっていた**のだ**。（本多勝一『生きている石器時代』）

漢字をカナに開いたりする点は仕方がないだろう。しかし右にゴチックで示した「ノダ」のような使い方を自分はしないはずだと思って原文を見ると、次のとおりであった。

……アレガメは、親しい友人に尊敬の意をこめて呼ぶときのことばだ。ヤゲンブラやコボマなど、親しい男たちと私たちはこう呼ぶ間柄になっていた。

文がかなり改竄《かいざん》されている。こんなふうにリライトしなくても、原文で子供にも十分わかるではないか。しかしどうしても許しがたいのは「ノダ」というような言葉を勝手に加え、しかも繰り返していることである。

ついでにいえば、ノダとかノデス・ノデアルの第一の用法は、その前の文を受けて説明するときである。したがってこの用法のときは、前の文章と内容が密接につながっている。文の頭に「ナゼナラバ」が付くような形の場合と思えばよい。たとえば――

彼はびっくりして立ちどまった。（ナゼナラバ）二〇年前の恋人が眼前にすわって雑誌を見ているのだ。

ところが、むやみやたらとノダ・ノデス・ノデアルを使う人がいる。――

むかしむかし、おじいさんとおばあさんがいたノデス。

といった用法が珍しくないが、これは誤っている。誤っていないときでも、あまり使うと押しつけがましいだけでなく、本当に必要な場合と区別がつかなくなってしまう。前述の改竄の例でも「ナゼナラバ」としての「ノダ」だといえないわけでもないが、なくてもよい場合はこの用法をなるべく私は避けている。しかも繰り返し。こんなものを自分の文章とは認めがたいので、著者の文体と異なることを次の版から「あとがき」でことわっておいた。

ノダ・ノデスの第二の用法として強調や驚きの表現もある。たとえば――

一人残された少年は、他部落にいる叔母の世話になっていた。そして七年。ことしの四月三〇日がきた。サイゴン陥落、全土解放。あの監獄の島・コンソン島も解放された。政治囚たちは自由の身になった。その中に、バア少年の父親もいた**のだ**。

（拙著『再訪・戦場の村』）

これなどは「バア少年の……」の前に「オドロクナカレ」といった言葉が潜在しているとみてよい。次の第3節で紹介する井伏鱒二氏の文章の冒頭（二七一ページ）はそれに当たるだろう。しかしこれもあまりに片端から強調すると、強調の意味が薄れてしまう。単にダ・デス（ノダ・ノデスからノを抜いたもの）を強調に使う方法として、次のような例もよく見られる。

新聞をひらくとまずさしえから見ていく私です。（『機関紙と宣伝』一九七四年一二月号一六ページ）

ほぼ一年にわたって何らの実質審議もなされないままに放置させられてきた我々です。（「戦車を止めた四人を支持する会」の通信ハガキ一九七六年二月）

値上げ前のお米で作ったはずなのに……と苦々しい思いでそのお菓子を買う私です。（『朝日新聞』一九七四年一一月二三日朝刊「ひととき」）

3　自分が笑ってはいけない

さきに第1節「紋切型」の冒頭で示した例文について「文自体が笑っている」と述べた。このことはもうすこしくわしく説明した方がいいかもしれない。手元の雑誌からもうひとつ例をあげよう。

(前略) 八月一三日の夜行、京都発富山行の急行立山3号に乗ったときのことです。満員で座席などとれないことは承知の上で、けれど通路ぐらいは、と思っていたのです。ところがムッ、ムッ。ジローッ周囲を見回すと山男の群れ。しかたなく立って眠る? ことにしました。毎日アクビの出るクセは、その夜は一層ひどくて五分ごとにアクビが出て、疲れて眠くても、とても眠れそうもありませんでした。そこで私は、カカトの高いピンクのサンダルを脱いだり履いたり。これを見ていた一人の優しい優しい山男が、私のアクビと足にたまりかねて席を譲って下さったのです。図々しくも「スミマセン」と席を代わってもらうや否や、グーッと眠り込んでしまったのです。鼻ちょうちんぶら下げて、席を譲って下さったお方をチラリチラリと見ながら……。ああ、なんと山男とは親切なるぞ。でもほほがこけて細い人、あん

な狭い所に何度も寝返りしながら、つらそうにお眠りあそばしてZZZ。（後略）

（『山と溪谷』一九七四年一二月号）

これは読者の投書欄にあたるページに出ていた二四歳の女性の文章である。なんとかおもしろく書こうとする気持がそのまま表面に出てしまって、結果は読む側にとってはちっともおもしろくないものになってしまった。なぜおもしろくないのだろうか。この説明は落語を例にとるとわかりやすいと思う。

中学生のころ私はラジオで落語ばかりきいていて、よく「また落語！」と父にどなられたけれど、いくら叱られてもあれは実に魅力的な世界だった。ずっとのちに都会に出て実演を見たとき驚いたのは、落語家たちの間の実力の差だ。ラジオでももちろんそれは感じたけれど、実演で何人もが次々と競演すると、もうそれはまさに月とスッポン、雲と泥にみえる。私の見た中では、やはり桂文楽がとびぬけてうまかった。全く同じ出し物を演じながら、何がこのように大きな差をつけるのだろうか。もちろん一言でいえばそれは演技力にちがいないが、具体的にはどういうことなのか。

落語の場合、それは「おかしい」場面、つまり聴き手が笑う場面であればあるほど、落語家は真剣に、まじめ顔で演ずるということだ。観客が笑いころげるような舞台では、落語家は表情のどんな微細な部分においても、絶対に笑ってはならない。眼じりひとつ、口もとひとつの動きにも「笑い」に通じるものがあってはならない。逆に全表情をクソまじめに、それも「まじめ」を感じさせないほど自然なまじめさで、つまり「まじめに、まじめを」演じなければならない。この一点を比較するだけでも、落語家の実力の差ははっきりわかる。名人は毛ほどの笑いをも見せないのに反し、二流の落語家は表情のどこかに笑いが残っている。チャプリンはおかしな動作をクソまじめにやるからこそおかしい。落語家自身の演技に笑いがはいる度合いと反比例して観客は笑わなくなっていく。

全く同じことが文章についてもいえるのだ。おもしろいと読者が思うのは、描かれている内容自体がおもしろいときであって、書く人がいかにおもしろく思っているかを知っておもしろがるのではない。美しい風景を描いて、読者もまた美しいと思うためには、筆者がいくら「美しい」と感嘆しても何もならない。美しい風景自体は決して「美しい」とは叫んでいないのだ。その風景を筆者が美しいと感じた素材そのものを、読者もまた追体験できるように再現するのでなければならない。野間宏氏は、このあたりのことを次のように説明している。

文章というものは、このように自分の言葉をもって対象にせまり、対象をとらえるのであるが、それが出来あがったときには、むしろ文章の方は消え、対象の方がそこにはっきりと浮かび上がってくるというようにならなければいけないのである。対象の特徴そのものが、その特徴のふくんでいる力によって人に迫ってくるようになれば、そのとき、その文章はすぐれた文章といえるのである。(『文章入門』)

さきの例文を見よう。これは筆者自身が笑うあまりに、素材そのものまでもゆがめてしまっている。「五分ごとにアクビが出て」というとき、もうウソが見えてしまう。本当に五分ごとに正確にアクビが出るはずはないのだ。「ムッ、ムッ」とか「ジローッ」とかいった俗なオノマトペ(擬声語)。それにしてもムッムッとは何のことだろう。これは「ムムッ」か「ン?」のつもりか。擬声語も本当にぴしゃりと使えるときがないわけではないが、筆者はこのとき列車のなかで正にそのような見回し方をしたわけでは決してないことが、読者にすぐに見破られる。アクビが本当にたくさん出たのであれば、それを素材として正確に描写すればよい。「あの夜はいつもより一層あくびが出て、たぶん少なくとも二〜三分に一度、多いときは三〇秒おいて次のあくびが出るほどだった」とでもすればイカサマ性はなくなるし、笑ってもいない文になる。「グーッ」とか「チラリチラリ」「ZZZ」などの軽薄なオノマトペは一層文章を笑わせてしまう。「眠り込んでしまった」といいながら「チラリチラリと見ながら」もありえないことだ。「鼻ちょうちんぶら下げて」も、当人にはわかりにくいことであって、たぶんウソだろう。「優しい優しい」「図々しくも」「親切なるぞ」「お眠りあそばして」等々、片端から筆者自身だけがいい気になって笑っている。こんなに落語家自身が笑ってしまって、どうして観客たる読者は笑うことができよう。もちろん程度の低い観客の中にはこれでも笑う人があるかもしれないが、そのていどのものなら「舞台」としての活字にする必要はなく、井戸端会議くらいですませておけばよい。

反対の例をあげよう。井伏鱒二の『白毛』という作品は次のような書き出しで始まる。

私の頭の髪はこのごろ白毛が増え、顱頂部がすこし薄くなつてゐるが、後頭部は毛が濃い上にばりばりするほど硬いのである。毛の太さも、後頭部の毛は額上の毛よりも三割がた太いやうである。横鬢の毛はその中間の太さである。荻窪八丁通りの太陽堂釣具店主人の鑑定によると、私の白毛はテグス糸の四毛ぐらゐの太さである。しかし太陽堂釣具店主人は、まだ私の白毛を抜いたり手にとつて見たりしたのではない。ちよつと見ただけの、粗笨《そほん》な鑑定によるものである。この釣具店の常連の一人である魚キンさんといふ魚屋の主人は、私の白毛を抜きとり本当のテグスと比較して、白毛の太さを綿密にしらべてくれた。キンさんは虫眼鏡まで出して来てしらべた。それによると、私の後頭部の白毛はテグス四毛半の太さで、横鬢の白毛は四毛の太さである。額上の白毛は正確に三毛の太さである。これはオールバックに伸ばしてあるために、釣りの素人の目には本当の三毛のテグスと見分けがつきかねる。

そしてこの「私は」あるとき山中の川岸で、きざな二人の青年にからまれて釣糸がわりに白毛を抜かれる羽目になる。その抜かれているところを次のように書いている。

コロちやんは私の髪の毛を三本も抜き、まだその上に抜かうとして、

「何本、抜くのかね?」

と云つた。

「いいかげんにしろ。」

と私は答へた。

「三十本ぐらゐ、入用だらう。」と後ろの追剝が云つた。「こいつの髪の毛は、油気がないからな。きれるかもしれんから、余分をとつておけ。」

もはやコロちやんも追剝といつていいやうであつた。私が睨みつけてゐるにもかかはらず、彼はびくともしないで私の髪の毛を一本づつ抜いて行つた。こいつも冷酷強欲な男にちがひない。彼は黒い髪毛を誤つて抜くやうな無駄はしなかつたが、私の計算によると確かに三十五本も抜いたのである……。（筑摩書房版「現代日本文学全集41」）

冒頭の説明といい、このヤマ場の描写といい、おかしいことを、きまじめに、べらぼうに正確に、素材として出している。こうなると落語家の名人級だ。筆者自身は全く笑いを見せない。

読者を怒らせたいとき、泣かせたいとき、感動させたいときも「笑い」と同様である。筆者自身のペンが怒ってはならず、泣いてはならず、感動してはならない。（舞台で役者が泣くときは、泣くこと自体が素材となる場合であって、ここでいう意味とは情況が異なる。）

4　体言止めの下品さ

例外的な場合とか特別な目的がある場合は別として、第一級の文章家は決して体言止めを愛用することがない。体言止めは、せまい紙面でなるべくたくさんの記事を押しこむために、たぶん新聞で発達した形式ではないかと思う。たとえば――

経済の見通しについて。「来年から再来年にかけて景気は回復。でも、インフレは当分続くと見た方がいい」。難解な理論を平易に解説、というのが受賞理由の一つだけに答えは明快。

だが、「現在のデータが変わらぬという前提での予測。その通りになるかどうか分からぬ」とのただし書きつき。「好きなレコードどころか、必要な統計資料の入手さえままならぬのだから」と、インフレの嘆きを繰り返した。(『朝日新聞』一九七四年一一月五日朝刊三ページ)

これはある賞を受けた経済学者とのインタビュー記事で、引用したのは全記事のうち最後の部分約四分の一に当たる。全文がこのように体言止めの多い記事だが、とくにこの部分を引用したのは、直接話法(カギカッコの中)の中にまで体言止めを使っているからである。

素直に考えてみよう。いったいだれが、実際の会話の中で「……景気は回復。」とか

「……という前提での予測。」というような体言止めの話し方をするだろうか。そんなに体言止めが好きなら、カギカッコをはずして間接話法にすればよろしい。いうまでもなく、直接話法は決して会話の録音テープの再現ではない。もし実際の会話をそのまま文章で再現すれば、この例文で推察するとたとえば次のようになるだろう。――

「そうですねえ。まあ、来年から再来年にかけてくらいには、まあ景気は回復する――と、ま、これはですね、もちろん推測ですけどね。ええ。しかしインフレの方はね、私はね、まあここ当分はどうも続くと見た方がいいと思うんですよ、ハイ」

こんなものをそのまま直接話法で記事にしていたら新聞など作れない。しかし直接話法である以上、ありえないことを書いてはならないのだ。カギカッコの中を朗読したときに、少なくとも最低限の自然さをそなえていなくては、何のために直接話法にしたのかわからなくなる。

だが、直接話法でない場合でも、体言止め（より広くは「中止形」）の文章はたいへん軽佻浮薄《けいちょうふはく》な印象を与える。軽佻浮薄でも下品でも、それが趣味だということになれば、もはやこれ以上論ずべき問題ではないだろう。ただ、読者を最後まで引っぱってゆく魅力に甚だしく欠ける結果、途中で投げ出して読まれなくなる可能性が高い。そうすると、結果的に「わかりにくい文章」と変わらなくなる。これは決して私のような偏窟者だけが言っていることではない。少なくとも文章家や文豪といわれる人々の中に、体言止めを趣味とする例を私は見たことがないのだ。

以前、ある大新聞のコラム担当筆者が「重大な病気」で入院したことを友人からきいた。しかし私はその前に、この筆者が交替したことをある朝そのコラムの冒頭を読んで気付いていた。いきなり体言止めの文が出てきたのである。少なくともあの担当記者なら、内容はともかくとして、こういう鈍感な文章は書かないはずだ。旅行に出たかどうかしたので、ピンチ＝ヒッターとして誰かが書いたのだろうと思っていたとき、入院ときいたのであった。その記者はそれからまもなく亡くなった。

5　ルポルタージュの過去形

第2節「繰り返し」であげた文例に、全文を過去形としている新聞連載記事があった（二六二ページ）。同じ記事の別の部分に次のような文章がある。

東電五井火力発電所の警務室におじゃました。奥にある畳敷きの宿直室で、ざっくばらんな話を聞いた。

市原市岩崎の高沢元治郎さん（五五）は昭和三十五年暮れ、五井漁業協同組合の転業あっせんを受けて就職した。皮肉なことに、まだ養殖できたノリが大豊作で、一日で月給分をかせげたという。話をしながら「ノリがあればなあ」と嘆息した。

同じ筆者による同じルポだが、この場合の過去形と前の場合とでは明白に違う点がある。それは前者（二六二ページ）が「事実の過去」ではないことだ。すなわち、「……企業が十六社あった」とか「……半分が地元だということだった」という場合、「十六社あったが、今はない」「地元だということだったが、今は違う」ということではない。このルポが書かれ、紙面に出ている現在も、やはり「十六社ある」のだし「地元だということだ」のはずである。前者の例文は、ひとつのこらず同じことがいえる。

ところがここにあげた後者だと、「話を聞いた」のも「就職した」のも「嘆息した」のも、すべて事実が過去である。このルポが読まれている現在も「話を聞いている」のではないし「嘆息しつつある」のでもない。ということは、前者は「筆者にとっての過去」にすぎないことになる。「私が取材中は……十六社あった。今はもう私は現場を去って新聞社の机で書いている」「私が取材中は……地元だということだった。今はもう私は現場にいないので机の上でこれを書いている」「私が取材中は……移動するらしかった。

要するにこの場合の過去形は、そのあとにすべて「私は今その現場にいないで、帰ってきて机の上で書いている」という気分が深層構造として存在し、各文章ごとに「机の上で書いています」と告白していることになる。事実はちっとも過去ではなく、そのまま現在形で進行中なのだから。

こういう用法は、とくにルポルタージュのような場合、たいへんマイナスに作用する。たとえば次の例はどうだろう。「攻防続くロンチェンに入る」という見出しの戦争ルポである。

北部ラオス、ジャール平原の南西に位置する政府軍の最前線基地ロンチェンは、砲声と爆音に包まれていた。雨期明け直後からジャール平原を席けんした「北」側は、昨年末から同基地に肉薄、去る十日から十五日にかけて基地内に侵入し、守備部隊と白兵戦を展開、今も基地周辺の山岳地帯から攻撃を続けて……。(『朝日新聞』一九七二年一月二三日朝刊七ページ)

これは冒頭の「前書き」部分に当たる記事だ。問題は最初の文の「……砲声と爆音に包まれていた。」にある。例によって「私が取材したときは……包まれていた。今はその現場を去って、机の上で書いている」と、わざわざ告白しているのである。筆者はラオスの「ロンチェン発」電報として送稿しているのだし、それは紙面に出る前日の「二十二日発」なのだから、明らかに「今も」事実はまだ進行中であろう。「今も砲声と爆音に包まれている」のだ。それをそのまま「包まれている」と報告せずに、「包まれていた。私はもうそこを去って、机の上で……」などと告白してしまうなんて、もったいない話ではないか。読者の受けるせっかくの臨場感を、タワシで逆なでして消しているようなものだ。次の例もルポの冒頭に出てくる。

スエズ運河は、巨大な〝生き物〟だった。戦争に傷つきながらも、生命が躍動していた。(『朝日新聞』一九七九年三月一一日・日曜版)

こうした例がとくに冒頭に現れやすいのはどういうことなのだろう。「さあ、紙面のトップをかざるルポだ。がんばらなくっちゃ」と気負った記者が、緊張して、ペンに気力をこめて書きだす、その最も張りきった気分の冒頭でいきなり失敗している。初めて講演をする人が演壇でアガってしまい、変な言動で聴衆を失笑させるのと似ているかもしれない。「……〃生き物〃だった。……生命が躍動していた。(今そこから帰って机の上でこれを書いている)」と書いている筆者のうしろ姿がむしろ目に浮かんでしまって、スエズ運河の姿はその向こう側に遠景となって見えるもどかしさ。ルポの場合はむしろ正反対に、事実の過去でさえも現在形にしてしまう方が迫力がある。むろんそれは事実をゆがめるという意味ではない。その著しい例をあげてみよう。

わたしは地図の上でその名をさがす。ある。ほとんど全部ある。しかし、みんな歴然たるハザラジャートの地名だ。つまり、ハザーラ族の居住地だ。この人は、ハザーラとモゴールとを混同しているのだ。わたしたちはがっかりする。(中略)カンダハールを出て三日目の昼すぎ、わたしたちはカーブルに着き、江商商会のバンガローにやっかいになる。加古藤さん、内田さんという二人の社員には、徹底的にお世話になった。ここで、ペシャワール方面から越えてくるはずの、岩村、岡崎両氏の到着をまつ。(梅棹忠夫『モゴール族探検記』)

読者は筆者と一体になって舞台を同時進行するかのようだ。これはひとつの文体として確立しているので、安易にまねると失敗することもあるが、たいへん参考になる例ではある。また現在形の語尾は変化に富むので、過去形のように「た」ばかりがつづく「繰り返し」を避ける利点もあろう。

6　サボリ敬語

たとえば「あぶないですから白線までさがってお待ち下さい」というような掲示が駅のホームに出ている。この「あぶないです」という書き方が文章にも多く登場するようになったのは最近のことなのだろうか。かつての軍隊用語の「自分の靴は小さすぎるであります」とか、よく国籍不明の安易なイナカ言葉として使われる「死んじまっただ」とかいった種類に属するこの用法は、文法的にももちろん誤っている。助動詞の「ダ」と「デス」は、中学生の文法書などに明示されているとおり、接続は次の三種に限られる。

①体言（名詞・数詞等）に。
②「の」などの助詞に。
③未然形と仮定形だけが、動詞・形容詞および動詞型活用の助動詞・形容詞型活用の助動詞・特殊型活用の助動詞の、それぞれ連体形に。

ということは、用言（活用する語）のあとに「ダ」や「デス」の連用形・終止形・連体形は接続しないということである。「あぶないです」「小さすぎるであります」「死んじまっただ」はすべて違反だ。この違反が最近べらぼうに多い。「うれしいです」「悲しかったです」「よかったですか」等々。

いうまでもなく、文法は現実のあとからついてくる。もしこれが大多数の用法となってしまえば、文法も変更せざるをえなくなるのであろう。（もうそうなってしまったのかもしれぬ〔注〕。）それはそれで仕方がない。だが文章としてこれが邪道であり、軽薄・下品になることは覚悟をしなければならない。これもまた「名人」はあまり使わぬ用法である。

この誤った用法が発達したのは、敬語を正しく使えない人々が何でもかんでもデスをつけてごまかした結果かもしれない。「うれしうございます」といえなくて「うれしいです」とごまかす。「あぶないです」は「危険です」か「あぶのうございます」のごまかしだろう。つまりこれは敬語のサボリ用法ともいうべき邪道なのだ。敬語の正しい用法のむずかしさに現代がついていけず、こうしたサボリ用法を生んだのであろう。もともと今の敬語は庶民生活で発達したものではなく、支配階級の有閑生活から出てきたものだ。共通語（いわゆる標準語）として一方的に決められた「東京・山の手」の言葉は、徳川家の出身地の三河系の言葉が江戸時代に武士社会で有閑階級的発達をとげたもので、下町の江戸庶民はあんな生活の匂いのない言葉など使ってはいなかった。その意味では、サボリ敬語はむしろ喜ばしい傾向なのだろうか。

そして「デス」自体にしても、池田弥三郎氏によれば「……それに『おとうさん』『おかあさん』は芸者の言葉、『です』『だ』などは、ゴロツキの使う奴《やっこ》言葉だったんです。」（『朝日新聞』一九八〇年二月四日朝刊・東京版）

〔注〕282ページ　事実、戦後の国語審議会が提出した『これからの敬語』では、形容詞の原形にデスをつけるこのような言い方（「小さいです」など）も許容範囲に入れている（金田一春彦『新日本語論』一四〇ページ）。敬語が簡略化すること自体はたいへん良いと思う。日本の敬語がむやみと階級的に規定されていたのは大都市のしかも「上流」社会でのことで、いなかの庶民社会はそんな差別はない。たとえば私の故郷・伊那谷では、一人称は男はオレ、女はワシだけしかない。東北地方の多くは男女の違いさえなく、女もオレという。

なお金田一氏のこの本は、「日本語は乱れている」とする〝歴史的かなづかい派〟への痛烈な反批判となっていて、福田恆存氏らの非論理性を暴露している。また「だった」を嫌って断固「であった」を貫いた森鷗外や、「ぼく」を嫌った柳田國男、山田美妙の用語法に泣いて怒る山田孝雄など、言葉の趣味と品に関連するおもしろい事例も多く、多いに考えさせられた。「あぶないです」を嫌う私の態度も、結局は趣味の問題にすぎないのかもしれない。だからといって「どうでもいい」わけではないが、趣味を他人に押しつけるのは悪趣味ということにはなる。これも「近ごろの若い者は……」という四〇〇〇年前のエジプト人の嘆きの一種なのだろうか。

第九章　リズムと文体

1　文章のリズム

鈍感でない文章ということになってくると、その終極点はたぶんリズム（内旋律）の問題になるだろう。これはしかし、本稿の目的よりはずっと〝高度〟な文章論に属する問題かもしれないし、小説家などのプロをめざす人々の課題ともいえよう。事実、小説家の書く「文章読本」の類は、谷崎潤一郎や川端康成そのほかの例〔注1〕にも見られるように、このリズムとか調子に大きな比重をかけて説いている。とはいうものの、より多くの人に読まれることを目的とするのであれば、リズムの問題もやはり大いに関連してくるので、ごくかんたんながら触れておきたい。

もし論理性と「わかりやすさ」だけで文章を考えるのであれば、小さな語句の違いはあまり問題にならない。ということは、他人が多少の添削をしても大して問題ではないことにもなろう。しかし文体とかリズムのことを考慮すると、文章はあたかも精密機械や人体組織のようになってくる。完成された文体は、へたにいじると故障してしまうし、切れば血が出もしよう。修飾語の並べ方や句読点の打ち方はもちろん、すべての言葉の選び方が、その筆者固有のリズムによってのっぴきならず厳選されている〔注2〕。ここころみに、名文で知られるジャーナリストの文章を例にして、リズムを乱したらどんなに「血が出る」かを見てみよう。

枯れ葉のにおう山の遍路道を歩いてみたい、潮風に流れるはぐれトンビを追って海辺の道を歩いてみたい、そんな思いにかられた時から現代のお遍路は始まるのだろう。(『朝日新聞』一九七四年四月一七日夕刊「新風土記・高知県」辰濃和男記者)

これを、たとえば最も平凡な語順として題目を頭にもってきてみよう。

現代のお遍路は、枯れ葉のにおう山の遍路道を歩いてみたい、潮風に流れるはぐれトンビを追って海辺の道を歩いてみたい、そんな思いにかられた時から始まるのだろう。

どちらのリズムがいいか解説するまでもないが、もしわからない読者がいたら、朗読して比べてみるとよい。では次に、一部の言葉を変更してみたらどうか。「枯れ葉のにおう山の遍路道」は、論理的には「枯れ葉の遍路道」でもおかしくないはずだ。同様に論理的に問題のない変更を二、三加えてみると――

枯れ葉の遍路道を歩いてみたい、潮風に流れるはぐれトンビを追って海辺ぞいの道を歩いてみたいといったような思いにかられた時から現代のお遍路は始まるのに違いないと思う。

これでは全く話にならないが、論理としてはおかしくないし、わかりにくいわけでもない。原文でリズムがとくに生きている部分は「……歩いてみたい、そんな思いに……」のところであろう。「みたい」でテンを打ち、「そんな」という指示代名詞をわざと入れている。「そんな」なしに、ごく普通に流してたとえば「……歩いてみたいといった思いに……」とでも書くと、朗読してみたときに呼吸がうまく合わないだろう。別の例で見よう。

　京都で学問をし、大阪で金をもうけて、神戸に住む、それが関西人の理想の生活だと作家の田辺聖子さんが書いているのを読んだ。(『朝日新聞』一九七三年一二月一一日夕刊「新風土記・兵庫県」酒井寛記者)

たとえばここで「……金をもうけて」の「て」の一字だけ削ったらどうか。もはやリズムに狂いが生ずるだろう。反対に「……学問をし、」のあとに「て」一字を加え、「学問をして、……もうけて、」と「て」を二度つづけても、やはり狂いが生ずる。たった一字のことで、かつ論理に全く変わりはないのに、切れば「血が出る」のだ。これなども朗読してみるとよく理解できよう。もうひとつの実例——

　たとえば。須佐之男命《すさのおのみこと》が八俣《やまた》のおろちを退治して櫛名田比売《くしなだひめ》を救い、彼女を妻として出雲の国の須賀《すが》の地に新居をさだめたとき、彼はうたった。

八雲《やくも》立つ　出雲八重垣《いづもやへがき》……　(『朝日新聞』一九七三年五月二〇日「日曜版」森本哲郎

記者）

この「たとえば」のあとをマルにしたリズム。これをテンにしたり、あるいは何もなしにつづけたりもできるはずだが、ここではやっぱりマルにすることが筆者の文体のリズム上ぬきさしならないのである。これも朗読してみるとよく理解できよう。次の例はどうだろう。

遠い席にボーイが音を立てて茶を入れている間、総理は通訳に言葉を待たせていた。自分の前におかれてあったマイクを、自分で隣の通訳の席へ移した。そしてまたしばらくすると、椅子から身体を折り曲げて手を延ばして、床にうねっていたそのマイクのコードをひと揺りさせて真っすぐに直していた。こういうことが気になる人らしい。（門田勲『外国拝見』＝朝日新聞社一九六二年＝の「北京通信」〈周恩来〉の項から）

門田氏は文章もうまいが、目のつけどころでも学ぶべき点が実に多い。私が新聞記者になったころは、この大記者はすでに第一線時代が過ぎて退職直前だったが、本にまとめられた記事によって多くを教えられた。右の周恩来の描写なども記憶に残る部分である。

以上ここに四例をあげてみて偶然気付いたのだが、この四例とも題目に当たる言葉が文の冒頭に出てこず、第六章一九〇〜一九四ページで述べた構文法の好例となっている。べつに「名文」というわけではないけれど、この本自身の中からも拾ってみよう。たとえば「あとがき」の三〇九ページ一五行目から——

……べつに後悔はしませんでした。むしろ感謝した。そのかわり準備には「一時間くらい」どころか一回分に二日も三日もかかりました。

この文章はいわゆる「です・ます調」で書かれているのに、ぽつりと一カ所「した」が現れる。もしこれを「です・ます調」にすれば次のようになろう。

……べつに後悔はしませんでした。むしろ感謝しました。そのかわり準備には「一時間くらい」どころか一回分に二日も三日もかかりました。

この場合、「ました。……ました。」とダブることも問題だが、このていどのダブりは致命的障害にはならない。むしろこれはリズムの上でまずいのである。これも双方を朗読して比べてみれば、わざとここを「した」と書いた理由が理解できよう。

この第九章第1節から拾ってみる。最初の段落は、次のような一文で終わっている（二八五ページ五行目）。

とはいうものの、より多くの人に読まれることを目的とするのであれば、リズムの問題もやはり大いに関連してくるので、ごくかんたんながら触れておきたい。

ここでたとえば「ごくかんたんながら」を削って朗読してみられよ。明らかに調子が狂うであろう。この場合、事実として「ごくかんたん」に触れているわけだけれども、もしかんたんでないのであれば削って「触れておきたい」とするだけで、論理としては問題がない。しかしリズムの上では問題だから、なんとか考えて別の修飾句を加える必要がある。たとえば「紙面の許される限りくわしく」と言った具合に。

リズムの悪い例をひとつだけ挙げておく。

新人賞には、原稿を公募する型と、芥川賞のように既発表作品の中から選ぶ型がある。講談社創立七十周年を記念したという野間文芸新人賞の場合、既発表型。各種文芸新人賞受賞者を下限とし、芥川賞受賞者をもふくむ、純文学分野の将来性のある新人を対象としている。(『朝日新聞』一九八〇年二月二五日夕刊・文化面)

右の中で「……新人賞の場合、既発表型。」の部分はリズムとしてすわりが悪い。たとえば「……の場合は既発表型だ。」「……の場合は既発表型といえよう。」「……新人賞は既発表型である。」など、いろいろ考えられる。(またこの場合第六章〈助詞〉の「ハ」とも関連する問題として、「……の場合、」と助詞を省くよりも、対照としての「ハ」を強調して出す方がより良いだろう。)

以上、リズムの説明の中で「朗読してみる」ことを私は何度も述べた。本を読むとき音読する人はほとんどいないけれど、しかし目で活字を追いながらも人は無意識にリズムを感じとっているのだ。そうであれば、書く側がリズムにあわせて書かなければ読者の気分を乱すことになる。リズムのめちゃめちゃな文章は、だから読者を無意識的にイライラさせ、長時間の読書に耐え難くさせる原因ともなろう。かといって、文字通り朗読しながら書く人もあまりいないようだ。名文章家といわれる人は、頭の中で無意識に朗読しながら書いている。自分の文章に固有のリズムが無意識に出るようになったとき、その人は自らの文体を完成させたのである。その人の文章は、もはや他人が安易に手をつけられない域に達したといえよう。

〔注1〕 285ページ　川端康成は『新文章読本』の「まえがき」で次のように書いている。

少年時代、私は「源氏物語」や「枕草子」を読んだことがある。手あたり次第に、なんでも読んだのである。勿論、意味は分りはしなかつた。たゞ、言葉の響や文章の調を読んでゐたのである。

それらの音読が私を少年の甘い哀愁に誘ひこんでくれたのだつた。つまり意味のない歌を歌つてゐたやうなものだつた。

しかし今思つてみると、そのことは私の文章に最も多く影響してゐるらしい。その少年の日の歌の調は、今も尚、ものを書く時の私の心に聞えて来る。私はその歌声にそむくことは出来ない……。

右は、古い私の文章の一節であるが、読みかへしていま、文章の秘密もそこにあるかと思ふのである。

〔注2〕 286ページ　塩田良平氏の『文章の作り方』は、代表的な小説家の文の音節数（音数律）を分析するなどして、リズムとの重要な関係を解説している。それをさらに掘りさげて追究してい

る例に、杉山康彦氏の『ことばの芸術』がある。この中で杉山氏も引用しているように、萩原朔太郎は『詩の原理』（一九二八年）で次のように書いた。

思ふに日本語ほどこの点で特殊であり、非叙事詩的な国語は世界に無からう。西洋の言語は、どこの国の言語であつても、ずつと音律が強く、平仄《ひょうそく》やアクセントがはつきりしてゐる。（中略）東洋に於てさへも、支那語は極めてエピカルである。……

朔太郎のような偉大な（私も好きな）詩人にしても、あの「日本語は非論理的だ」に類するこのような謬見《びゅうけん》を断定的に語るのだ。いかなる言語も「言語とはすなわちその社会の論理である」（本書二二ページ）のと同じ意味で、リズムもまた「言語とはすなわちその社会でのリズムである」ということさえできよう。日本語を世界一の非叙事詩的言語とする朔太郎は、何を基準に「エピカル」とするのだろうか。たぶん彼の念頭にはアイヌ語・朝鮮語・エスキモー語・マレー語などは無かったであろう。「東洋に於てさへも」といった表現自体に、朔太郎の西欧のみを基準とする基調が現れている。「さへも」には、すでに「劣等なる東洋」という植民地型知識人のかなしき前提がある。中国語を「極めてエピカル」とする次元では、同じ孤立語でもベトナム語の方が「六声」だからもっと「超エピカル」であろう。

日本語には日本語のリズムがあり、邦楽には邦楽のリズムがある。それはアフリカや西欧のリズム・シンタックスでは律することができない。まだ分析して突きとめることができないことと、「存在しない」こととを混同してはならない。金田一春彦『日本語への希望』によると、言語学者マリオ＝ペイは世界の特に美しい言語に日本語を数えている。

2　文豪たちの場合

最後に、第二章からこの章までに述べてきたような視点で、近代・現代の「文豪」とよばれてきた人々の文章について有名な作品の冒頭を改めて検討してみよう。「書きだし」の文章というものはほとんどの文筆家が熟慮した結果だから、その筆者の文体を調べるのに好都合である〔注1〕。

＊

木曾路はすべて山の中である。あるところは岨《そば》づたひに行く崖の道であり、あるところは数十間の深さに臨む木曾川の岸であり、あるところは山の尾をめぐる谷の入口である。一筋の街道はこの深い森林地帯を貫いてゐた。（島崎藤村『夜明け前』新潮社版「藤村長篇小説叢書5」）

越後《えちご》の春日《かすが》を経て今津へ出る道を、珍らしい旅人の一群《ひとむれ》が歩いてゐる。母は三十歳を踰《こ》えたばかりの女で、二人の子供を連れてゐる。姉は十四、弟は十二である。それに四十位の女中が一人附いて、草臥《くたび》れた同胞《はらから》二人を、「もうぢきにお著《つき》なさいます」と云つて励まして歩《ある》かせようとする。（森鷗外『山椒大夫』筑摩書房版「現代日本文学全集7」）

長い影を地にひいて、痩馬の手綱《たづな》を取りながら、彼は黙りこくつて歩いた。大きな汚い風呂敷包みと一緒に、章魚《たこ》のやうに頭ばかり大きい赤坊をおぶつた彼の妻は、少し跛脚《ちんば》をひきながら三四間も離れてその跡からとぼ〳〵とついて行つた。（有島武郎『カインの末裔』筑摩書房版「現代日本文学全集21」）

私は其人を常に先生と呼んでゐた。だから此処でもたゞ先生と書く丈《だけ》で本名は打ち明けない。是は世間を憚《はゞ》かる遠慮といふよりも、其方が私に取つて自然だからである。私は其人の記憶を呼び起すごとに、すぐ「先生」と云ひたくなる。筆を執つても心持は同じ事である。余所々々《よそ〳〵》しい頭文字抔《など》はとても使ふ気にならない。（夏目漱石『こゝろ』筑摩書房版「現代文学大系14」）

山の手線の電車に跳飛《はねと》ばされて怪我をした、其後養生《あとやうじやう》に、一人で但馬の城崎《きのさき》温泉へ出掛けた。背中の傷が脊椎カリエスになれば致命傷になりかねないが、そんな事はあるまいと医者に云はれた。二三年で出なければ後は心配はいらない、兎に角要心は肝心だからといはれて、それで来た。三週間以上——我慢出来たら五週間位居たいものだと考へて来た。（志賀直哉『城の崎にて』筑摩書房版「現代日本文学全集20」）

千早振《ちはやふ》る神無月《かみなづき》も最早跡二日《あとふつか》の余波《なごり》となツた廿八日の午後三時頃に神田見附の内より塗渡《とわた》る蟻《あり》、散る蜘蛛《くも》の子とうよ〳〵ぞよ〳〵沸出《わきい》で、来るのは孰《いず》れも顋《おとがい》を気にし給ふ方ゝ、しかし熟ゝ《つらつら》見て篤《とく》と点撿すると是れにも種ゝ《さまざま》種類のあるもので、まづ髭《ひげ》から書立てれば口髭頬髯顋《くちひげほほひげあご》の鬚《ひげ》、暴《やけ》に興起《おや》した拿破崙髭《なぽれをんひげ》に狆《ちん》の口めいた比斯馬克《びすまるく》髭《ひげ》、そのほか矮鶏《ちやぼ》髭《ひげ》、貉髭《むじなひげ》、ありやなしやの幻の髭と濃《こ》くも淡《うす》くもいろ〳〵に生分《はへわか》る。（二葉亭四迷『浮雲』筑摩書房版「明治文学全集17」）

寛保三年の四月十一日、まだ東京《とうけい》を江戸と申しました頃、湯島天神の社にて聖徳太子の御祭礼を執行《いたし》まして、その時大層参詣の人が出て群集《ぐんじゆ》雑踏を極めました。茲《こゝ》に本郷三丁目に藤村屋新兵衛といふ刀剣商《かたなや》が御座いまして、その店頭《みせさき》には善美商品《よきしろもの》が陳列《ならべ》てある所を、通行《とほり》かゝりました一人のお侍ハ、年齢《としのころ》二十一二とも覚しく、……(三遊亭円朝『怪談牡丹燈籠』若林玵蔵筆記・筑摩書房版「明治文学全集10」)

十二月二十五日の午前五時、メイン・トップ・スクウナ型六十五噸の海神丸《かいじんまる》は、東九州の海岸に臨むK港を出帆した。目的地は其処から約九十海里の、日向寄りの海に散在してゐる二三の島々であつた。島からは、木炭と木材と、それから黒人《くろうと》仲間で五島以上だと云はれる非常に見事な鰑《するめ》が出る。(野上弥生子『海神丸』講談社版「日本現代文学全集63」)

村の南北に通じる往還に沿つて、一軒の農家がある。人間の住居《すまい》といふよりも、むしろ何かの巣といつた方が、よほど適当してゐるほど穢《きたな》い家の中は、窓が少いので非常に暗い。(宮本百合子『貧しき人々の群』講談社版「日本現代文学全集63」)

往古、西域に楼蘭と呼ぶ小さい国があった。楼蘭が東洋史上にその名を現わして来るのは紀元前百二、三十年頃で、その名を史上から消してしまうのは同じく紀元前七十七年であるから、前後僅か五十年程の短い期間、この楼蘭国は東洋の歴史の上に存在していたことになる。いまから二千年程昔のことである。（井上靖『楼蘭』「新潮日本文学44」）

夜ふけの町角にひとの影がもつれた。商売はこれからといふシナ料理屋の窓に燈の色がながれて、そこだけうすあかるい道ばたに、巡査がふたり、それをとりかこんで、女まじりに七人ほどの若いやつらが立つてゐた。年ごろはみなはたちまへか、しまりのない服装も似たり寄つたり、なんとか族と呼ばれるものが深夜から明方までさわぐといふ評判の土地がらである。（石川淳『天馬賦』中央公論社版・単行本）

道がつづら折りになって、いよいよ天城峠《あまぎとうげ》に近づいたと思う頃、雨脚が杉の密林を白く染めながら、すさまじい早さで麓から私を追って来た。（川端康成『伊豆の踊子』河出書房版「日本文学全集18」）

未《ま》だ宵《よひ》ながら松立てる門は一様に鎖籠《さしこ》めて、真直《ますぐ》に長く東より西に横《よこた》はれる大道は掃《は》きたるやうに物の影を留《とど》めず、いと寂《さび》しくも往来《ゆきき》の絶えたるに、例ならず繁き車輪《くるま》の輾《きしり》は、或《あるひ》は忙《せはし》かりし、或《あるひ》は飲過《のみす》ぎし年賀の帰来《かへり》なるべく、疎《まばら》に寄する獅子太鼓の遠響《とほひびき》は、はや今日《けふ》に尽きぬる三箇日《さんがにち》を惜《をし》むが如く、其の哀切《あはれさ》に小《ちひさ》き腸《はらわた》は断《たた》れぬべし。（尾崎紅葉『金色夜叉』筑摩書房版「明治文学全集18」）

子供の泣き声が耳に入つて目が覚めた。眠りが足りないと思うと、私はすべてのことが厭《いと》わしい。もう眠れそうもないので、起きて鏡の前に坐つてみた。顔の皮膚は荒れていて、クリイムで拭つても汚れが残つている。朝のうち風呂へ入るといいのだが、今の姉との生活では、私には言い出せない。昨夜姉は風呂を沸《わ》かしてくれたのだが、私が帰つたときは大分冷えていた。（伊藤整『火の鳥』筑摩書房版「新選現代日本文学全集15」）

富士見町何丁目何番地といふ番地ばかりを目あてに山の手辺へはあまり来た事のないものが初めて鵜崎巨石《うざききよせき》の住居《すまひ》を尋ねると、近処一帯の様子からこゝも同じく待合ではないのかと暗い晩なぞはわけて途惑《とまど》ひするさうである。然しそれは鵜崎の住居が意気に艶《なま》めいて見える訳でも何でもない。（永井荷風『おかめ笹』筑摩書房版「現代日本文学全集68」）

洗面所で手を洗つてゐると、丁度窓の下を第二工場の連中が帰りかけたとみえて、ゾロゾロと板草履《いたざうり》や靴バキの音と一緒に声高な話声が続いてゐた。

「まだか？」

その時、後に須山が来てゐて、言葉をかけた。彼は第二工場だつた。私は石鹸だらけになつた顔で振りかへつて、心持眉をしかめた。（小林多喜二『党生活者』角川書店版「昭和文学全集6」）

五月中頃の事だ。藤は謝《しや》し、躑躅《つつじ》は腐れて、所々の垣根のうちに杜若《かきつ》や芍薬《しやくやく》や撫子《なでしこ》などがちらほら新緑の鮮《せん》と妍《けん》を争はうとしてゐるのに、丸で五月雨《つゆ》のやうな、毎日々々仕切《しきり》なしの雨降《あめふり》で、容易に夏めく景色に成りさうにも見えなかつた。（徳田秋声『春光』筑摩書房版「明治文学全集68」）

越中高岡より倶利伽羅下《くりからじた》の建場《たてば》なる石動《いするぎ》まで、四里八町が間を定時発の乗合馬車あり。

賃銭《ちんせん》の廉《やす》きが故に、旅客ハ大抵《おおかた》人力車を捨てヽ之に便《たよ》りぬ。車夫ハ其不景気を馬車会社に怨《うら》みて、人と馬との軋轢《あつれきやうや》漸く太甚《はなはだし》きも、才《わづか》に顔役の調和に因《よ》りて、営業上相干《あひをか》さゞるを装《よそほ》へども、折に触れてハ紛乱《ふんらん》を生ずること屢《しばしば》なりき。（泉鏡花『義血俠血』筑摩書房版「明治文学全集21」）

「こいさん、頼むわ。――」

鏡の中で、廊下からうしろへ這入つて来た妙子を見ると、自分で襟を塗りかけてゐた刷毛を渡して、其方は見ずに、眼の前に映つてゐる長襦袢姿の、抜き衣紋の顔を他人の顔のやうに見据ゑながら、

「雪子ちゃん下で何してる」

と、幸子《さち》はきいた。

「悦ちゃんのピアノ見たげてるらしい」（谷崎潤一郎『細雪』筑摩書房版「現代日本文学全集71」）

家斉《いえなり》は眼をさました。部屋に薄い陽が射している。六つ（午前六時）を少々過ぎたころだなと思った。このごろは決ってそうなのだ。年齢をとると、だんだん眼が早くさめて困る。（松本清張『かげろう絵図』講談社版「長編小説全集25」）

起きて洗面するとすぐ、弓をたずさえてあずちに行った。北国の正月下旬は、暦の上だけの春だ。石のようにかたい根雪があり、木々の芽はかたく閉じ、見るかぎりのものがまだきびしい冬のすがただ。（海音寺潮五郎『天と地と』朝日新聞社版「海音寺潮五郎全集5」）

小説《せうせつ》の美術《びじゆつ》たる由《よし》を明《あき》らめまくせバまづ美術《びじゆつ》の何《なに》たるを知《し》らざる可《べか》らずさハあれ美術《びじゆつ》の何《なに》たる明《あき》らめまくほりせバ世《よ》の謬説《びうせつ》を排斥《はいせき》して美術《びじゆつ》の本義《ほんぎ》を定《さだ》むるをバまづ第一《だいゝ》に必要《ひつえう》なりとす美術《びじゆつ》に関《くわん》する議論《ぎろん》のごときハ古今《こゝん》にさま〴〵ありといへども総《そう》じて未定未完《みていみくわん》にして本義《ほんぎ》と見《み》るべきものハ稀《まれ》なり（坪内逍遙『小説神髄』筑摩書房版「明治文学全集16」）

伊豆《いづ》の国下田《しもだ》の在《ざい》に蓮台寺村《れんだいじむら》といふところあり、南は川一ツ隔《へだ》て谷津《たにづ》、北は河内《かはち》堀《ほり》の内《うち》と連《つらな》りて天城山道《あまぎやまみち》、いづれも是《これ》といふ思はしき節《ふし》のあるではなけれど、住《すめ》ば草の屋も春雨《はるさめ》に興《きよう》あり飼へば狗児《いぬころ》も尾を振るに愛らしく覚ゆる習ひとて、田舎普請《ゐなかぶしん》の堅牢《がつしり》とした家を其所《そこ》に構へて都会《みやこ》の便利をも羨《うらや》まず、我村を世に嬉しき洞天福地《どうてんふくち》と極札《きめふだ》つけてか安心閑居、悠〻《ゆる〱》と日を暮らし余生を楽しむ老翁《らうをう》ありて、……（幸田露伴『いさなとり』筑摩書房版「明治文学全集25」）

＊

こうして冒頭ばかり並べ比べてみると、さまざまな点で興味深い。さすがにリズムはみんな超一級である。坪内逍遙のころのようなテンもマルもない場合とか、三遊亭円朝のように速記録をもとにした文は例外として、ほとんどの読点が論理的原則をはずれていない。修飾する側とされる側もしっかり結ばれているし、修飾の順序もほぼ原則どおりといえよう〔注2〕。そのほか漢字や助詞の使い方なども教えられることが多いが、ここでとくに本書の目的に関連してとりあげたいのは、前節の最後でも述べたような「題目語または主格に類する修飾語の位置」についてである。一九一ページで使った次の例文で考えてみよう。

㋑突然現われた裸の少年を見て男たちはたいへん驚いた。

この文の題目語「男たちは」を最初にもってくると、逆順の原則から読点を加えて次のようになる（一九二ページ）。

㋺男たちは、突然現われた裸の少年を見てたいへん驚いた。

　この㋑と㋺を比べた場合、前後の文脈によっては㋺の方を選ぶべき場合もあろう。しかし普通は㋑の方が日本語として優れている。ところが一般の人々、すなわち文章というものに特に深い関心を抱いているわけではない人々が書く文章には、㋺のタイプが多いようだ。しかもこの場合必要な読点さえ加えないことが少なくないだろう。「つい」そうなりがちなのは、題目語がまさに「題目」であり、主題であるからにほかならぬ。意識の核にあるのは題目なのだから、とくに作文技術を考えないで書くとき、無意識のうちに核の部分が先に出てくるのは当然だ。それは多くの小説家などにおいても同様であろう。しかし日本語としてのリズムをよくよく考えるとき、㋺の型（短い題目語を他の長い修飾成分より先に出す型）は、とくに理由がなければ、決して「より良い」方法ではない。ここに挙げた文豪たちの冒頭文を見ると、短い題目語があとに来る例はむしろ普通である。書き出しの文章は熟慮した結果だから一層その傾向が強いのかもしれない。その最も極端な例が谷崎潤一郎にみられる。さきに挙げた『細雪』の冒頭をもう一度注意していただきたい。「こいさん、頼むわ。――」からはじまる文章は、題目語が現れないまま「見ると」「渡して」「見ずに」「見据えながら」と四つもの「題目語にかかるべき動詞」が現れ、一番最後にやっと「幸子はきいた」と題目語が出てくる。島崎藤村の「木曾路はすべて……」以下は冒頭に題目語が現れるが、これらは第三章「修飾の順序」の原則どおりだから当然であろう。

〔注1〕295ページ　ここの引用は各種の文学全集からそのまま収録したために、カナ使いは筆者の書いたままのものもあれば、新カナに改められたものもある。ただしルビは必ずしも原本のままではない。

〔注2〕304ページ　ただ、文章のプロとしての「文豪」には、定石を無視した言葉づかいによっても他の点で読者をひきつける内容の作品を創りだす例があるから、文豪が必ずしも「わかりやすい文章」の手本になるとは限らない。

あとがき

本多勝一

東京・新宿の「朝日カルチャーセンター」という市民講座で、一種の文章講座を担当する機会がありました。一九七四年の秋、一週一回二時間ずつの二カ月間。聴講生たちの職業は学校教師やジャーナリスト・商店主・主婦・学生など、また年齢的にも二〇歳前後から六〇歳くらいまで非常に広範囲のかたがたでした。全部で八回だけの講座だし、日本語を書く職業のいわば現場にいる者の一人として、文章には一応の関心も持っているのだからと、かんたんに考えて私は始めたものです。想えば、講義に類することは私にとってこれが生まれて初めてでした。

ところが第一回の講義が半分もすすまぬうちに、これは大変なことを始めてしまったと思いました。初めての講義ですから、不慣れで、不細工で、不手際なことはいうまでもありません。それは覚悟をしていたことです。大変だと思ったのは、第一に聴講生たちの熱心さに圧倒されたからであり、第二に、その熱意に応ずるだけの密度の高い講義を八回も続けることができるだろうかという不安を感じたからでした。講義の途中からほとんど冷や汗の出る思いでしたが、まさか投げだすわけにもゆきません。耳の不自由な聴講生も一人いて、奉仕者《ヴオランテイア》がそばで手話の通訳をしている姿を見ると一層あせってしまいます。

こうして第一回の講義は、なんとかゴマ化すようにして終わりました。実は講義の準備など、前日に一時間くらいさいてメモをとっておけばいい、日ごろ文章について抱いている雑感を話せばいいくらいに考えていたのです。ところが実際にやってみたら、メモにしておいたことは予定より半分以下の短い時間で話してしまった。これではあと三回くらいでもう話すことがなくなってしまうではありませんか。

そこで第二回からはメモをやめて、二時間の内容をすべて完全なかたちで原稿に書くことにしました。実行してみると、私自身これはたいへん勉強になります。たとえば作文上のある原則を講義するにしても、メモだけであればその原則を示すだけで終わるところですが、こうして原稿のかたちに完成しようとすると、その原則がなぜ有効かという背景の分析にまでたちいらざるをえないからです。だから「大変だ」とは思ったものの、べつに後悔はしませんでした。むしろ感謝した。そのかわり準備には「一時間くらい」どころか一回分に二日も三日もかかりました。新聞記者としての現場の仕事がその影響をうけて、いくらか手ぬき工事になったかもしれません。

そのようにしてなんとか八回の講義は終わったけれども、どうも不安は消えません。私の講義は間違っていなかっただろうか。なにかとんでもない誤りを犯してはいないだろうか。どうせ日本語学や言語学の専門家ではないのだから、専門家の間では常識にすぎないことを私がもったいぶって話したとしても、問題とするほどのことではありますまい。また枝葉末節の部分で誤ることは、どんな天才や偉人でも免れないのだから、しろうとの私が誤っても当然でこそあれ恥じる必要は毛頭ない。しかし日本語の根幹にかかわるような原則について、全くカンちがいをしていたり、正反対の解釈をしていたりの心配はないだろうか。これは私個人の問題にとどまらず、多くの聴講者に対する責任でもあります。できれば言葉の問題に関心を持つ多くの人々の批判を仰ぎたいと思っていました。

さいわいその機会にまもなく恵まれ、このようにして一応つとめた講義の草稿にいくぶん手を加えた上、月刊誌『言語』(大修館書店)に一九七五年六月号から翌年五月号まで一年間連載することができました。そして「言葉の問題に関心を持つ」人々を主な読者とするこの雑誌で、専門家・素人をとわず多くの人々に目を通していただき、事実何人かの方々から貴重な示唆をうけた末、修正・加筆してまとめたのが単行本『日本語の作文技術』（朝日新聞社・一九七六年）です。

けれども、原子物理学や分子生物学・自動車工業・電子計算機・シンセサイザーなどとちがって、この分野の研究は意外に未開拓でした。日本語の狭義の文法の研究については、従来の盛況に加えて言語学の大発展にも触発され、植民地的発想であれ独自の発想であれ盛んですし、また「文章読本」に類する心得帖についても多くの文章家が書いているのですが、テンの打ち方や語順のような、義務教育段階からして原則を知る必要のある問題については「適当に」ですまされてきたのです。（「研究」はあっても、多くは事実調査以上には踏みこんでいませんでした。）そのように日本語の書き方を「適当に」放置されている日本人中学生が、イギリス語の「テン（コンマ）の打ち方」の原則を厳格に教えられているなどという植民地的風景に、私はがまんがならなかったのであります。

しかし、菲才浅学蛮勇《ひさいせんがくばんゆう》によるこの仕事は、むろんひとつの試行錯誤の過程であり、一種の作業仮説にすぎませんから、完成にはまだ程遠く、単行本を出した直後にはすでに修正したい部分が現れました。本文中にふれた何人かの碩学《せきがく》や読者による示唆のほか、自分でも再検討した結果ですが、その修正・発展はとくに読点（テン）の統辞論に著しく、ほかに語順についても重要な項目が加わりました。そこで横浜の「朝日カルチャーセンター」が開設された一九七九年の四月、そうした新展開を含めた語順とテンの二章を、四回にわたって集中的に講義したわけです。

こんど文庫版となるに際しましては、旧版『日本語の作文技術』の右の二章に、このときの成果を最少限の量ながら追加しました。したがってこれは単行本をそのまま文庫にしたのではなく、一部修正した改訂版となっています。当然ながら、旧版をそのまま並行して今後重版するわけにはいきませんから、単行本は当分休版（？）することになりました。こうして改訂版としての文庫版を出しますものの、いぜんとして「完成品」には道遠いものがあります。しかし日本語という私たちの民族文化をより良いものにみがきあげてゆく上で、これは小さいなりに意味のある作業のひとつだとは思っています。さらに多くの人々の批判・教示を得て、近い将来により進んだ改訂版を出せるようにしたいものです。本書をとくに「日本語の」作文技術とした理由は、諸言語の中の日本語という意味を表したからであって、内容がそのまま反映した結果といえましょう。「国語」という表現には問題点が多いようです。

ひとつ陳謝しておかなければならないことがあります。この本ではさまざまな例文が実際の単行本・新聞・雑誌などから実例として拾われていますが、良い例としての場合はともかく、悪い例の場合は筆者個人の名は挙げておりません。しかし私が創作したものではないことを示すために、出所は明らかにしてあります。その結果、少々困ったことが起きました。私は専門の言語学者や文法家ではないのですから、わざわざ悪文をさがすために本を買いはしないし、そんなヒマもありません。ということは、その本なり雑誌なりを読みたくて求めたのですから、何らかの意味でそれらは私のために役立ってくれたのだし、著者にしても尊敬すべき人である場合が多いわけです。そうした本や雑誌の文章を読んでいながら、ついでの作業として、あくまで余分なこととして、気付いたときに悪文を拾っておいたのが、ここで俎上《そじよう》に置かれたさまざまな例文であります。これではまるで、尊敬すべき筆者に対して私が恩をアダで返したようなことになってしまうではありませんか。しかし、それをやりたくないからといって、あらためて悪い例をさがし求めて本をあさる余裕はとうていありません。仕方なく、すべてそれらを利用させてもらいました。申訳ありません。実際、知人・友人どころか親友の文章さえ悪い例として出してあるのですから。私自身の悪文も分析してあります。それに、文章論・作文論の類を書いている人々にせよ、いわゆる「文豪」たちにせよ、全くスキのない完璧な文章ばかり当人が常に書いた例などかつてあったためしがないようですから、この種の問題では自分のこともタナに上げない方が宜しいようです。したがって、そうした悪文の例は決して内容も悪いというわけではありません。むしろ反対のことが多いと考えて下さい。内容とは無関係。単に技術上の話だけです。新聞から拾った悪文にしても、圧倒的に多いのは『朝日新聞』ですが、これはなにも一般紙の中で朝日が最も文章が悪いということでは毛頭ありません。私はいわゆる三大紙としてはふつう朝日を主に読むので（のちに『東京新聞』の方がより多く読むようになったが）、その結果として実例も朝日から拾ったものが多くなったというだけの単なる物理的因果関係であります。

こうして一応まとめてみますと、どうしても不完全さが気になって、あのことも書くべきだった、このことにも触れるべきだったという思いが次々と出てきます。何かを公刊するというとき常に避けられぬことなのでしょう。また助詞の問題については、本書をまとめているうちにもその重要性をますます痛感しましたので、いずれ改めて独立的に調べたいと思っています。

このつたない講義録が動機または一助となって、一人でも多く「現場」から書き手が現れてくれるなら、こんな嬉しいことはありません。

一九八一年一一月二二日　信州・伊那谷にて

〈第26刷からの追記〉

本書の続編にあたる本として『実戦・日本語の作文技術』（朝日

文庫・一九九四年）を編集しました。これは前編が本書の原理を応用した論文や講義録、後編が日本語をめぐる情況への批判を中心とするエッセイですから、原理的には特に新しいものをもちだしたわけではありませんが、応用としてはご参考になるかと存じます。

一九九五年一月三日　信州・伊那谷にて

〈第31刷からの追記〉　朝日新聞社から刊行された「本多勝一集」全三〇巻のうち、第一九巻に『日本語の作文技術』があります。これは文庫本の本書と、右の『実戦・日本語の作文技術』とを合体・統合して、全体を一一章に整理しなおしたものです。ほかに付録として「わかりやすい説明文のために」などと、関連論文「日本語をめぐる『国語』的情況」なども収録されています。

二〇〇一年三月一九日　会津・西吾妻山麓にて

〈第35刷からの追記〉　本書は原則を求める過程から説きおこす方法をとっていますが、その原則のもと年少者や初心者のために編集した『中学生からの作文技術』（朝日選書・二〇〇四年）が出ていることをお知らせしておきます。

二〇〇五年三月一八日　大阪・吹田市にて

新版へのあとがき

本書すなわち朝日文庫『〈新版〉日本語の作文技術』は、東京・新宿の市民講座「朝日カルチャーセンター」で行なわれた講義が元《もと》です。一九七四年の秋、一週一回二時間ずつ計八回の講座でした。

これは月刊誌『言語』（大修館書店）で一九七五年六月号から一年間連載され、修正・加筆ののち朝日新聞社から単行本『日本語の作文技術』として一九七六年に刊行されます。そして一九八二年には、これが朝日文庫版になるとき一部修正されたので、単行本は第23刷をもって絶版です。その12年後（一九九四年）には、同じ朝日文庫でこれの〝応用編〟として『実戦・日本語の作文技術』が出ています。

著作集として「本多勝一集」全30巻が刊行されたのは、一九九三年12月から一九九九年4月まで五年半ほどの間ですが、その中の一冊として一九九六年に第19巻で『日本語の作文技術』も収録されました。今にして想えばこの期間は、人類社会における活字媒体《メディア》の〝主流〟的役割の座が、少しずつかすんでゆく現在史の過程《プロセス》の一部だったのかもしれません。小学校時代の「つづりかた」（作文）から新聞記者を経て、八三歳になった今なお『週刊金曜日』などで書きつづけている〝活字人間〟としては、これは一種さびしい風景とも申せましょう。しかし今後どれほど電化・機械化が進むとしても、「字」そのものが無くなることは、言葉自体が無くならないかぎり考えにくいようにも思われます。

このたびの「新版」（二〇一五年12月刊）は、33年前の旧版（一九八二年1月刊）第9章「リズムと文体」までを本文として残し、第10章「作文『技術』の次に」および付録「メモから原稿まで」を削除しました。両者とも作文技術として本質的主題《テーマ》とは思われず、その割に頁をくって定価に影響するからです。

（二〇一五年10月23日）

参考にした本（本文中でふれた雑誌類は除き、単行本のみ）

板坂元『考える技術・書く技術』（講談社現代新書・一九七三）
入江徳郎『マスコミ文章入門』（日本文芸社・一九七二）
岩淵悦太郎編著『悪文』（日本評論社・一九六〇、同新版・一九六一）
内村直也『日本語と話しことば』（北洋社・一九七六）
梅棹忠夫『知的生産の技術』（岩波新書・一九六九）
扇谷正造『現代文の書き方』（講談社現代新書・一九六五）
大出晁『日本語と論理』（講談社現代新書・一九六五）
大倉佐一『文章の書き表し方』（明治書院・一九七四）
大隈秀夫『文章の実習』（日本エディタースクール出版部・一九七五）
大野晋『日本語対談集・日本語の探究』（集英社・一九七六）
大類雅敏編著『句読点活用辞典』（栄光出版社・一九七九）
魚返善雄『言語と文体』（紀伊國屋新書・一九六三）
奥津敬一郎『生成日本文法論』（大修館書店・一九七四）
奥山益朗『原稿作法』（東京堂出版・一九七〇）
片桐ユズル『意味論と外国語教育』（くろしお出版・一九七三）

川端康成『新文章読本』（角川文庫・一九五四）
川本茂雄『ことばとこころ』（岩波新書・一九七六）
鬼頭礼蔵『日本語をやさしくしよう』（くろしお出版・一九五八）
金田一春彦『新日本語論――私の現代語教室』（筑摩書房・一九七一）
金田一春彦『日本語』（岩波新書・一九五七）
金田一春彦『日本語への希望』（大修館書店・一九七六）
金谷武洋『英語にも主語はなかった』（講談社・二〇〇四）
北原保雄・鈴木丹士郎・武田孝・増淵恒吉・山口佳紀編『日本文法事典』（有精堂出版・一九八一）
久野暲『日本文法研究』（大修館書店・一九七三）
小泉保『日本語の正書法』（大修館書店・一九七八）
佐伯哲夫『現代日本語の語順』（笠間書院・一九七五）
佐伯哲夫『語順と文法』（関西大学出版・広報部・一九七六）
阪倉篤義『日本文法の話』（創元社・一九五二）
佐久間鼎『日本語の言語理論』（恒星社厚生閣・一九五九）
佐久間鼎『現代日本語法の研究』（恒星社厚生閣・一九四〇）
佐藤孝『コトバを科学する』（法政大学出版局・一九六二）
塩田良平『文章の作り方』（明治書院・一九六九）
児童言語研究会編『国語教育の基礎理論』（一光社・一九七五）

清水幾太郎『論文の書き方』（岩波新書・一九五九）
清水幾太郎『私の文章作法』（潮新書・一九七一）
杉山康彦『ことばの芸術』（大修館書店・一九七六）
鈴木一彦『日本文法本質論』（明治書院・一九七六）
鈴木孝夫『閉された言語・日本語の世界』（新潮選書・一九七五）
田中克彦『言語の思想』（NHKブックス・一九七五）
谷崎潤一郎『谷崎潤一郎全集・第二十一巻』＝「文章読本」など（中央公論社・一九五八）
千野栄一『言語学の散歩』（大修館書店・一九七五）
チョムスキー（N）・ハレ（M）『現代言語学の基礎』（橋本万太郎・原田信一訳・大修館書店・一九七二）
チョムスキー（N）『文法理論の諸相』（安井稔訳・研究社出版・一九七〇）
デュボワ（J）他『ラルース言語学用語辞典』（伊藤晃・木下光一・福井芳男・丸山圭三郎他編訳・大修館書店・一九八〇）
富岡隆『文章はだれでも書ける』（日本機関紙協会新書・一九七四）
外山滋比古『日本語の論理』（中央公論社・一九七三）
永野賢『現代語の助詞・助動詞』（国立国語研究所報告＝秀英出版・一九五一）
西尾実『日本人のことば』（岩波新書・一九五七）
野間宏編『小説の書き方』（明治書院・一九六九）
野間宏『文章入門』（旺文社文庫・一九七三）

蓮實重彥『反＝日本語論』（筑摩書房・一九七七）
波多野完治『文章心理学入門』（新潮文庫・一九五三）
服部四郎『音声学』（岩波全書・一九五一）
服部四郎・大野晋・阪倉篤義・松村明編『日本の言語学』第三巻〈文法Ⅰ〉（大修館書店・一九七八）
原一彦『取材活動とルポルタージュ』（日本機関紙協会新書・一九七五）
樋口時弘・田中春美・家村睦夫・五十嵐康男・倉又浩一・中村完『言語学入門』（大修館書店・一九七五）
福田清人『文章教室』（旺文社新書・一九七三）
福田恆存『私の国語教室』（新潮文庫・一九六一）
藤原与一『これからの国語』（角川新書・一九五三）
藤原与一『世界コトバの旅』（朝日新聞社・一九七〇）
文化庁編『日本語と日本語教育（文法編）』国語シリーズ別冊２（大蔵省印刷局・一九七三）
文化庁国語課国語研究会編集『国語表記実務必携』（ぎょうせい・一九八一）
文化庁・国立国語研究所編『日本語と日本語教育（発音・表現編）』国語シリーズ別冊３（大蔵省印刷局・一九七五）
堀川直義『記事の書き方・直し方』（日本経営者団体連盟弘報部・一九六四）
堀川直義『取材の仕方』（日経連社内報センター・一九六七）
堀川直義『文章のわかりやすさの研究』（朝日新聞調査研究室報告・社内用56号・一九五七）
丸谷才一『日本語のために』（新潮社・一九七四）

マルンベリ（B）『音声学』（大橋保夫訳・白水社・文庫クセジュ・一九五九）
三上章『現代語法序説』（くろしお出版・一九七二）
三上章『現代語法新説』（くろしお出版・一九七二）
三上章『象は鼻が長い』（くろしお出版・一九六〇）
三上章『続・現代語法序説』（くろしお出版・一九七二）
三上章『日本語の構文』（くろしお出版・一九六三）
三上章『日本語の論理』（くろしお出版・一九六三）
三上章『文法教育の革新』（くろしお出版・一九六三）
三上章『文法小論集』（くろしお出版・一九七〇）
三上章『三上章論文集』（くろしお出版・一九七五）
三浦つとむ『日本語の文法』（勁草書房・一九七五）
三浦つとむ『日本語はどういう言語か』（季節社・一九七一）
南不二男『現代日本語の構造』（大修館書店・一九七四）
ミラー（R・A）『日本語――歴史と構造』（小黒昌一訳・三省堂・一九七二）
ムーナン（G）『言語学とは何か』（福井芳男・伊藤晃・丸山圭三郎訳・大修館書店・一九七〇）
村山七郎『日本語の研究方法』（弘文堂・一九七四）
村山七郎・大林太良『日本語の起源』（弘文堂・一九七三）
森岡健二・他『日本語の文法』（シンポジウム日本語2・学生社・一九七四）

安岡章太郎編『現代作家と文章』（三省堂新書・一九六九）
山岸一章『誰でも書ける文章入門』（一光社・一九七五）
山田孝雄『日本文法学概論』（宝文館出版・一九三六）
湯川恭敏『言語学の基本問題』（大修館書店・一九七一）
湯川恭敏『言語学』（ひつじ書房・一九九九）
ラガナ（D）『日本語とわたし』（文藝春秋・一九七五）
リンス（U）『危険な言語』（栗栖継訳・岩波新書・一九七五）
渡辺三男『日本語の表記と文章表現』（東出版・一九六二）
渡辺実『国語構文論』（塙書房・一九七一）

本書は、一九八二年に朝日新聞社より刊行された文庫『日本語の作文技術』を再編集したものです。

本多勝一（ほんだ=かついち）
1931年、信州・伊那谷生まれ。
『朝日新聞』編集委員を経て『週刊金曜日』編集委員。
著書　『旅立ちの記』（「本多勝一集」第２巻=朝日新聞社）
　　　『知床半島』（同第６巻=同）
　　　『ソビエト最後の日々』（同第30巻=同）
　　　『非常事態のイラクを行く』（貧困なる精神・Ｑ集=同）
　　　『「真珠湾」からイラクまで』（同Ｓ集=同）
　　　『石原慎太郎の人生』（同Ｎ集=同）
　　　『大江健三郎の人生』（同Ｘ集=毎日新聞社）
　　　『アメリカは変ったか？』（「週刊金曜日」別冊ブックレット=ＫＫ金曜日）
　　　『「英語」という〝差別〟「原発」という〝犯罪〟』（貧困なる精神・24集=同）
　　　『逝き去りし人々への想い』（講談社）
　　　『本多勝一の戦争論』（新日本出版社）
　　　『本多勝一の日本論』（同）
　　　『本多勝一、探検的人生を語る』（同）

〈新版《しんぱん》〉日本語《にほんご》の作文《さくぶん》技術《ぎじゅつ》　朝日文庫

2015年12月30日　第１刷発行
2025年２月10日　第19刷発行

著　者　本《ほん》多《だ》勝《かつ》一《いち》

発行者　宇都宮健太朗
発行所　朝日新聞出版
〒104-8011　東京都中央区築地5-3-2
電話　03-5541-8832（編集）
　　　03-5540-7793（販売）

印刷製本　大日本印刷株式会社

ISBN978-4-02-261845-0

本多 勝一
〈新版〉実戦・日本語の作文技術

あのロングセラーの続編を、文字を大きくした新装版。わかりやすい文章を書くための作文技術の再考察、様々な分野の文章を徹底的に添削する。

本多 勝一
アムンセンとスコット

南極点到達に向けて出発した二つのチームの勝敗を分けたものは？　組織とリーダーシップを考えるための傑作ノンフィクション。《解説・山口　周》

高橋 源一郎
非常時のことば
震災の後で

「3・11」以降、ことばはどう変わったのか？　詩や小説、政治家の演説などからことばの本質に迫る、文章教室特別編。《解説・荻上チキ》

高橋 源一郎
間違いだらけの文章教室

明治の農婦が残した遺書、ジョブズのプレゼンなど、心ゆさぶる文章を通して考える「伝わるのはなぜか」。文庫化に際して「補講」を追加。

外岡 秀俊
おとなの作文教室
「伝わる文章」が書ける66のコツ

相手にスッと伝わり、読み手に負担をかけない文章術の極意とは。徹底添削から、自分の文章の弱点が見えてくる。文章で損しないための一冊。

網野 善彦／鶴見 俊輔
歴史の話
日本史を問いなおす

教科書からこぼれ落ちたものにこそ、この国の未来を考えるヒントがある。型破りな二人の「日本」と「日本人」を巡る、たった一度の対談。

深代 惇郎
深代惇郎の天声人語
七〇年代に朝日新聞一面のコラム「天声人語」を担当、読む者を魅了しながら急逝した名記者の天声人語ベスト版が新装で復活。《解説・辰濃和男》

深代 惇郎
深代惇郎エッセイ集
天声人語の名記者による随筆集が復刻。英国駐在時代の洒脱なコラムや、海外文学作品の舞台をめぐる「世界名作の旅」など読み応えたっぷり。

深代 惇郎
最後の深代惇郎の天声人語
国際、政治からくらしの身近な話題まで。七〇年代の名コラムがいま、問いかけるものとは。すべてのコラムが単行本未収録、文庫オリジナル。

むの たけじ 聞き手・木瀬 公二
老記者の伝言
日本で100年、生きてきて
秋田から社会の矛盾を訴え続けたジャーナリストが考える戦争・原発・教育。最後の五年間を共に過ごした次男の大策氏によるエッセイも収録。

新渡戸 稲造著／山本 史郎解釈
武士道的 一日一言
英語で『武士道』を著し世界を驚かせた新渡戸が日本人に向けて記したベストセラー。日々一節、三六五日。滋味深い文章に自ずと背すじが伸びる。

中島 輝
働く人のための自己肯定感
「うまくいかず、落ち込んだ」「先のことが心配」――。働く中で誰もが抱く負の感情から自分を守り、最高のパフォーマンスを生む心理学。